U0139205

楊松年著

文史哲學集成

二〇〇六

# 中國文學批評問題研究論集

文史哲出版社印行

國立中央圖書館出版品預行編目資料

中國文學批評問題研究論集 / 楊松年著. -- 初版. -- 臺北市 : 文史哲, 民83
面 ;   公分. -- (文史哲學集成 ; 315)
ISBN 957-547-867-3(平裝)

1. 中國文學 - 歷史,批評 - 論文,講詞等

821.8

315 文史哲學集成

# 中國文學批評問題研究論集

著　者：楊　松　年
出版者：文　史　哲　出　版　社
登記證字號：行政院新聞局局版臺業字五三三七號
發行人：彭　正　雄
發行所：文　史　哲　出　版　社
台北市羅斯福路一段七十二巷四號
郵撥〇五一二八八一二彭正雄帳戶
電話：三五一一〇二八
印刷者：文　史　哲　出　版　社

實價新台幣三四〇元

中華民國八十三年五月初版



ISBN 957-547-867-3

# 中國文學批評問題研究論集

## 目　　錄

# 研究中國文學批評所面對的問題：
## 以《毛詩·關雎序》為例的說明

中國文學批評作品存在着嚴重的主要用語語義含糊，以及理論的表達缺乏系統的問題。我曾經在《中國文學批評作品用語語義含糊的問題》與《中國詩論作品欠缺系統的問題》兩篇論文中分別指出有關問題的嚴重性，并且表示，如果有關的問題不加以解決，將會深深地影響我們對有關的作品的了解與分析①。基於這種認識，我更撰寫了《王夫之詩論作品主要用語闡釋》，嘗試解決文學批評作品用語語義含糊的問題，以及撰寫了《詩選的詩論價值：文學評論研究的另一個方向》，嘗試就欠缺系統的詩選及選詩中的批語，分析在整理欠缺系統的選者的言論時，如何發掘他們的詩論系統。②

以上的幾篇論文，都是用中文書寫的，這些作品都收集在由香港三聯書店出版的《中國古典文學批評論集》中。這個會議的負責人張漢良教授看過我的這幾篇作品，建議我給研討會提供類似的論文。三思之後，覺得只是綜述上述幾篇論文的意見是沒有太大的意思的，不過，如果能夠就一篇有深遠影響的文學批評作品，加以評析，并指出與強調前述問題的嚴重性，倒是有建設性的做法。因此我乃選取對中國古代詩論有深刻影響而且可以說是經典之作的《毛詩關雎序》來論析上述的問題。

㈠

《毛詩關雎序》，又簡稱爲《毛詩序》或《關雎序》③。它是《詩經》前面的一篇序言，也可以說是《詩經》第一首詩《關雎》的序言。《詩經》中的每一首詩都有一則序言，說明詩的旨意，有時也說明作詩的動機，內容都和詩篇有關。由於文字較少，所以人稱爲小序。《毛詩關雎序》的篇幅較各小序長得多，因此，有人又稱它爲《詩大序》④。而且它所涉及的，除了說明《關雎》一詩的旨意之外，也兼論及一般詩作的問題。這也說明了前面所說的它可以稱爲《詩經》前面的一篇序言，也可以說是《詩經》第一首詩《關雎》的序文的原因。

這雖然是一則序文，但對後代的詩論與詩經學的影響是深遠與重大的。

先說對後代詩論的影響。

《毛詩關雎序》云：

「詩者，志之所之也。在心爲志，發言爲詩，情動於中，而形於言。言之不足，故嗟嘆之，嗟嘆之不足，故永歌之，永歌之不足，不知手之舞之，足之蹈之也。」

又云：

「情發乎聲，聲成文，謂之音。」

宋代程頤依據此說，要求詩人之觸感必須深刻與誠懇，所寫作品，才能深入人心，甚至感動天地鬼神。《河南程氏經說》云：

「詩者，言之述也。言之不足而長言之，咏歌之，所由興也。其發於誠感之深，至於不知手之舞，足之蹈，故其入於人也亦深，至可以動天地，感鬼神。」⑤

宋邵雍依據此說，卻以「志」與「情」的含義不同。「志」是抒發對時世的感懷，「情」是受外物觸感的結果。《伊川擊壤集序》云：

「伊川翁曰：子夏謂詩者，志之所之，在心爲志，發言爲詩。情動於中，而形於言，聲成其文而謂之音。是知懷其時則謂之志，感其物則謂之情，發其志則謂之言，揚其情則謂之聲，言成章則謂之詩，聲成文則謂之音，然後聞其詩，聽其音，則人之志情可知之矣。」⑥

宋包恢據此強調詩人之志，認爲志至詩亦至。《答曾子華論詩》云：

「在心爲志，發言爲詩，今人只容易看過，多不經思。詩自志出者，奚可得哉？志之所至，詩亦至焉，豈苟作者哉？後世詩之高者，若陶若李杜者難矣。陶之冲澹閑靜，自謂是羲皇山人，此其志也。種豆南山之詩，其用志深矣。……唯其志如此，故其詩亦如此。」

宋家鉉翁對「志」另有他的理解，并結合孔子「思無邪」之說論析。《志堂說》云：

「昔日讀詩，深有味於詩序在心爲志之旨，以爲在心之志，乃喜怒哀樂欲發而未發之端。事雖未形，幾則已動，聖賢學問每致謹乎此，故曰：在心爲志。若夫動而見於言，事而見於事，則志之發見於外者，非所謂在心之志也。

是以夫子他日語門弟子曰：

詩三百，一言以蔽之，曰思無邪。無邪之思，在心之志，皆端本於未發之際，存誠于幾微之間。迨夫情動而言形，爲雅、爲頌、爲風、爲賦、爲比、爲興，皆思之所發，志之所存，心之精神，實在於是，非外襲而取之也。」

張戒據以反對詩作專意於咏物。《歲寒堂詩話》云：

「詩者，志之所之也。情動於中而形於言，豈專意於咏物哉？」⑦

明徐禎卿據此以言所觸動之情，本無定位。《談藝錄》云：

「情無定位，觸感而興，既動於中，必形於聲。」⑧

清錢謙益則依此要求詩情必須飽滿，并受到窮時困境的激發而展露。《愛琴館評選詩慰序》云：

「夫詩者言其志之所之也。志之所之，盈於情，奮於氣，而擊發於境風識浪奔昏交湊之時世。」⑨

《題燕市酒人篇》云：

「詩言志，志足而情生焉，情萌而氣動焉。如土膏之發如候蟲之鳴，歡欣噍殺，紆緩促數，窮於時，迫於境，旁薄曲折而不知其使然者，古今之眞詩也。」⑩

在另一文中，錢氏則據此以強調詩情之眞，詩作自由發揮之能動性。《范璽卿詩集序》云：

「詩者，志之所之也。陶冶性靈，流連景物，各言其所欲言⑪者也。」

《毛詩序》又云：

「變風發乎情，止乎禮義。發乎情，民之性也；止乎禮義，先王之澤也。」

後代詩論者常據此說發揮其詩見。俞弁《逸老堂詩話》引盧疏齋語以詩具發乎情，止乎禮義則可得性情之正。其言云：

「夫詩發乎情，止乎禮義。《關雎》樂而不淫，哀而不傷，斯得性情之正，古人於此觀風焉。」⑫

吳喬以發乎情，止乎禮義，即爲性情，即孔子「思無邪」之義，并批評歷代詩作云：

「聖人以思無邪蔽《三百篇》，性情之謂也；《國風》好色，《小雅》怨誹，發乎情也；不淫不亂，止乎禮義，性也。樂而不淫，哀而不傷，亦言此也。此意晉、魏不失，梁、陳盡矣：陳拾遺挽之使正，以後淫傷之詞與無邪者錯出。

杜詩所以獨高者，以不違無邪之訓耳。」⑬

故在所作之《答萬季野詩問》直云：

「《國風》好色而不淫，《小雅》怨誹而不亂，發乎情，止乎禮義，所謂性情也。」⑭

劉熙載《詩概》亦以發乎情止乎禮義之說本於孔子「思無邪」，其言云：

「思無邪，子夏《詩序》發乎情止乎禮義之說所本也。」⑮

詩論者乃據此直接或間接地提出其論見。

佚名之《靜居緒言》據此要求詩應合物理而具現變化：

「詩發乎情，止乎禮義，合物理而窮變化者也。無壞不成，尺寸繩墨，明人之談類學究；拈指便道，芻狗格律，宋人之語實婆禪。」⑯

清陳僅據此反對性靈之說。《竹林答問》云：

「詩本性情，古無所謂性靈之說也。《尚書》：詩言志；《詩序》：發乎情，止乎禮義；《文賦》：詩緣情而綺靡。有情然後有詩。其言性情者，源流之謂，而不可謂詩言性也。性靈之說，起於近世，苦情之有閑，而創爲高論以自便，舉一切紀律防維之具而胥潰之，號於衆曰：此吾之性靈然也。無識者亦樂於自便，而靡然從之。嗚呼！以此言情，不幾於近溪，心隱之心學乎？夫聖人之定詩也，將閑其情以返諸性，俾不至蕩而無所歸。今之言詩者，知情之不可蕩而無所歸，亦知徒性之不可以說詩也，遂以靈字附益之，而後知覺、運動、聲色、貨利，凡足供其猖狂恣肆者，皆歸之於靈，而情亡，而性亦亡。是故聖道貴實，自釋氏遁而入虛無，遂爲吾道之賊。詩人主情，彼蕩而言性靈者，亦詩之賊而已矣。」⑰

劉熙載據此要求詩情必須中節，而認爲寫詩者，性情能得其節而正，則享福無窮。《詩概》云：

> 「不發乎情，即非禮義，故詩要有樂有哀；發乎情，未必即禮義，故詩要哀樂中節。」⑱

又云：

> 「天之福也，莫過於予以性情之正；人之自福也，莫過於正其性情，從事於詩而有得，則樂而不荒，憂而不困，何福如之！」⑲

以上只環繞「詩者，志之所之」與「發乎情，止乎禮義」兩個命題，舉出後代詩論數例，說明它們對後代詩論的影響。事實上，其影響遠不止於此。由「詩者，志之所之」引發之主詩人之志、主詩情之眞，由「發乎情，止乎禮義」引發之主詩情之正、主詩情表達之必須中節不褊急，幾乎貫串在具有濃烈的儒家思想精神的大多數詩論與文論之中。而《毛詩關雎序》中的其他言論，如言「聲成文謂之音」、言詩與時代之關系、言「主文而譎諫」、言風雅頌賦比興六義，等等，也引起後世詩文理論之紛紜討論。此不贅述。從這裏，可以看到後代詩文理論受到《毛詩關雎序》影響之重大。

## (二)

然而，如果仔細閱讀《毛詩關雎序》，可發現這是一篇有着許多問題的作品。

首先，它就有着許多前文所提及的用語語義含糊的問題。

就以「情」字來說吧，《毛詩關雎序》文中所用的「情」字至少有下列三種不同的含義：

1.以「情」字之義與「志」同，均指作者內心的情感。這情感在受到觸動後，發露在語言文字，即爲詩。其言云：

> 「詩者，志之所之也。在心爲志，發言爲詩。情動於中，而形於言。」⑳

這裏所用的「情」，在我來看，具泛指之義，絲毫沒有道德價値的判斷。前文提及的徐禎卿據此所言之「情無定位，觸感而興」，基本上能依據《毛詩關雎序》的意思。錢謙益言詩在陶冶性靈，各言其所欲言，也是如此。至於邵雍言志與情不同，懷其時謂之志，感其物謂之情，不是《毛詩關雎序》的本義。包恢強調詩人之志—— 人品；家鉉翁強調志應無邪，俱賦予理學心性之要求；張戒反對專意於咏物，亦是據此語發揮對詩歌寫作的看法，皆非《毛詩關雎序》原本的意思。

2.以「情」字指生理性的，與生俱來的情感。這種情感未曾受先王教育的薰陶，與受先王教育薰陶的「禮義（之情）」，恰好相對。《毛詩關雎序》云：

> 「變風發乎情，止乎禮義。發乎情，民之性也；止乎禮義，先王之澤也。」

這裏所指之「情」，是具有道德價値之判斷的，是作者所非議的未受教育薰陶的生理性情感。王夫之在《詩廣傳》中說：「有無理之情」㉑即是此意。「變風」雖「發乎情」，卻能「止乎禮義」，所以受到《毛詩關雎序》作者之肯定。後世詩論引據此語者，少涉及「發乎情」，多着重「止乎禮義」立論，故引申有要求「性情」、「性情之正」、詩情必須中節之看法。其有言及「發乎情」者，亦在批評情之蕩、情之泛濫而言。

3.「情」字指曾受先王教育薰陶，具有肯定道德標準之情感而言。《毛詩關雎序》云：

> 「國史明乎得失之迹，傷人倫之廢，哀刑政之苛，吟咏情

性，以風其上，達於事變而懷其舊俗者也。」㉒

國史能明辨是非得失，哀傷刑政之苛與人倫之廢，并以此勸諷其上，以求有所改變，其性情自然有得於正，「情」字與「性」字合爲一詞，指合乎道德標準之情感而言。

「情」字在《毛詩關雎序》的應用，旣然具有上述至少三種不同的含義，因此必須仔細分辨，才能準確地把握其所代表的意思。第一例的「情」字與「志」字意思相同，如把「志」字解爲詩人的志向品格，或把「情」字解爲「觸其物」，把「志」字解爲「懷其時」，是不合作者的原意的。把「情」字與「思無邪」的意思等同起來，也不合作者的意思。我的看法是，這裏的「情」字，是泛指一般受觸動了的內心活動，觸動這內心活動者，可以是「時」，可以是「事」，也可以是「物」，作者沒有明言，因此，更必須作泛指一切影響內心活動的事物來理解。受觸動了的情感外露時，可以抒情，可以咏物，可以題景，作者也沒有明言，也不能只取其中之一項而排斥其他的可能性。後代詩論以《毛詩關雎序》於此強調性情之眞摯固然沒錯，然而如果以此認爲《毛詩關雎序》只是強調性情之眞而不論性情之正，并以此作爲「性靈說」之論據，則顯然有斷章取義之嫌，因爲文中的其他地方的意思，多主張情感之合乎禮義，詩作必具正始之道，王化之基㉓。這是在掌握這一例中的「情」字所必須認識的重點。

論者在談及「發乎情，止乎禮義」的時候，所偏重者，多在「禮義」（之情），於「發乎情」之「情」字，則甚少言及，於「止乎禮義」之「止」字，亦輕率帶過，不加詳述。事實上，此二者是此段文字的重點所在。我的看法是，《毛詩關雎序》認爲，發乎情者，不僅一般人如此，受先王教育薰陶者亦然，其所以有分別者，在後者因受先王教育薰陶而前者則否，因此，能「止」

乎禮義以善疏導其發，使偏向合乎道德價値之方面而發展，便是《變風》的作者有異於一般人民之處。這一點，王夫之《詩廣傳》就有很好的辨析：

「均是物也，均是情也，君子得甘焉，細人得苦同焉；君子得涉焉，細人得濡焉。無他，擇與不擇而已矣。故知其有餘，不思其不足；知其不勞，不患其不可求，飲食之勿朵頤，非必餒矣。男之勿餒狐；女之勿雉，非必獨矣。遇主不於狗監，非必窮矣。得生不於蹴爾，非必死矣。遲俟之須臾，怏騁之千里，亦何嘗抱蔓而歸，望洋而嘆也哉？故曰：發乎情，止乎理。止者，不失其發也。有無理之情，無無理之理。」㉔

「吟咏情性」雖首見於《毛詩關雎序》，後世文論用此語者，多不見及「情性」所具肯定道德標準之義。而泛指情感之眞實抒發。如鍾嶸以之論寫詩不以用典爲貴。《詩品序》云：

「若乃經國文符，應資博古；撰德駁奏，宜窮往烈。至乎吟咏情性，亦何貴於用事？」㉕

蕭綱也是如此。《與湘東王書》云：

「未聞吟咏情性，反擬內則之篇；操筆寫志，更摹酒誥之作。遲遲春日，翻學歸藏；湛湛江水，遂同大傳。」㉖

裴子野用此以反對時人之擯落六藝，徒事情感之吟咏。所以在《雕蟲論》中云：

「自是閭閻年少，貴游總角，罔不擯落六藝，吟咏情性。」㉗

嚴羽據之以提倡其詩貴興趣之主張。《滄浪詩話》云：

「詩者，吟咏情性也。盛唐諸人唯在興趣。羚羊挂角，無迹可求。故其妙處，透徹玲瓏，不可湊泊，如空中之音，

相中之色，水中之月，鏡中之象，言有盡而意無窮。」㉘

由以上所說，可以看到《毛詩關雎序》對後代詩論影響甚大，但後世詩論用及《毛詩關雎序》中之用語時，并沒有清楚掌握其原本的語義，而這是《毛詩關雎序》用語語義含糊所造成的結果。

其次，《毛詩關雎序》在文章的組織與論理的層序上也有欠缺系統而形成紊亂之處。

全文可分爲五段。

篇首自「《關雎》，后妃之德也」至「風以動之，教以化之」爲首段，說明《關雎》一詩的旨意。第二段，由「詩者，志之所之也」至「先王以是經夫婦、成孝敬、厚人倫、美教化、移風俗」之後，突然轉而泛論詩之發生，詩與樂、舞的關系，詩與時代的關系，以及詩的功用。第三段由「故詩有六義焉」至「是謂四始，詩之至也」，又轉而論及詩的六義，其中對六義之風、雅、頌有較詳細之析說，但對賦、比、興只是略提三者之名稱而已；言及六義時，中又突然插入叙述詩在當時之諷諫的情形與作用。第四段，由「然則《關雎》、《麟趾》之化」至「正始之道，王化之基」，說明《周南》與《召南》的內涵與精神。最後一段，由「是以《關雎》樂得淑女，以配君子」至末句，「是《關雎》之義也」，再回頭說明《關雎》一詩的意思與特色。（請參閱本文之附錄）

由於文中所言，忽與《關雎》有關，忽又泛論詩的原理問題，忽提及詩之六義，忽又談及詩的諷諫作用，前代學者閱讀此文時，已產生疑問。不但在分段時有不同的見解，更把此文再分爲大、小序。如《經典釋文》引舊說云：

「起此（《關雎》，后妃之德也），至用之邦國焉，名《關雎

序》，謂之小序。自風、風也訖末，名爲大序。」㉙

朱熹《詩序辨說》則認爲：

「小序，自《關雎》，后妃之德也，至教以化之，又自然則《關雎》、《麟趾》之化，至是《關雎》之義也。」

又云：

「大序，起詩者，志之所之也，至詩之至也。」

像這樣一篇在結構上，在理論系統存在着紊亂的文章，卻令後代詩文論者奉爲經典之作，不僅尊奉，且加稱引以發揮其詩文的見解，實令人深感不安。

不僅如此，《毛詩關雎序》中有不少文句，據羅根澤《中國文學批評史》的考訂，實拼湊多篇文章字句而成。如《毛詩關雎序》云：

「詩者，志之所之也；在心爲志，發言爲詩。情動於中，而形於言。言之不足，故嗟嘆之；嗟嘆之不足，故永歌之；永歌之不足，不知手之舞之，足之蹈之也。」

《禮記．樂記》云：

「故歌之爲言也，長言也；說之故言之，言之不足故長言之，長言之不足故嗟嘆之，嗟嘆之不足故不知手之舞之，足之蹈之也。」㉚

可見其脫胎之痕迹。又《毛詩關雎序》云：

「情發乎聲，聲成文謂之音。治世之音安以樂，其政和；亂世之音怨以怒，其政乖；亡國之音哀以思，其民困。」

《禮記．樂記》云：

「情動於中，故形於聲，聲成文謂之音。是故治世之音安以樂，其政和；亂世之音怨以怒，其政乖；亡國之音哀以思，其民困。」㉛

也是如此。《毛詩關雎序》又云：

「故詩有六義焉：一曰風、二曰賦、三曰比、四曰興、五曰雅、六曰頌。」

《周禮．春官》云：

「太師，掌六律……教六詩，曰風、曰賦、曰比、曰興、曰雅、曰頌。」㉜

只是省卻太師掌教數語，并將六詩易爲六義而已。

像這麼一篇短短的序文，其中的文句卻有不少錄自他書而成，所可能發生的問題也是不容我們忽視的。

再者，《毛詩關雎序》的作者是誰，成文的年代是什麼時候，也是衆說紛紜。或以爲子夏所作。《經典釋文敘錄》云：

「孔子最先删詩，以授於子夏，子夏遂作序焉。」㉝

或以爲衛宏所作。范曄《後漢書·儒林傳》：

「初九江謝曼卿善《毛詩》，乃爲其訓。宏從曼卿受學，因作《毛詩序》。」

或以爲子夏所作，毛公、衛宏再加潤益。《隋書·經籍志》：

「先儒相承，謂《毛詩序》子夏所創，毛公及衛敬仲又加潤益。」

或又以爲是孔子所作。《二程遺書》：

「詩之《大序》，分明是聖人作此以教學者。」㉞

或以爲序中之首句爲孔子作，其餘的爲毛公所作。王得臣《麈史》：

「《詩序》，……蓋出於孔子，非門弟子所能與也。若《關雎》，后妃之德也，此一句孔子所題，其下乃毛公發明之。」

或以爲衛宏集錄各家言語而成。蘇轍《詩集傳》：

「（毛詩序），類非一人之辭者，凡此皆毛氏之學，而衛宏之所集錄也。」

或以爲詩人所自作。范家相《詩瀋》引王安石之言云：

「《詩序》者，詩人所自制。」

或以爲序首句劉歆所作，餘衛宏所作。康有爲《新學僞經考》：

「《大序》及《小序》初句，爲劉歆所爲，其餘則衛宏所潤飾，不特爲子夏所作、亦非劉歆作矣！」

因此，直有以係村野妄人所作者。鄭樵《詩辨妄》：

「《詩序》……皆是村野妄人所作。」㉟

或山東學究所作者。朱熹云：

「《詩序》只是個山東學究等做，不是老師宿儒之言。」

或秦漢經師所作。范家相《詩瀋》云：

「鄭氏所謂《大序》子夏所作，今詳其文義，牽合聯綴，實雜出秦漢經師之手，非一人所作也。」

或經師所傳、弟子所附者。《四庫全書總提要》：

「今參考諸說，定《序》首二語爲毛萇以前經師所傳，以下續申之言，爲毛萇以下弟子所附。」

或以爲弟子們記錄其師說，經整理後而成。曹粹中《放齋詩說》：

「《毛傳》初行於時，猶未有序也。意毛公既托之子夏，其後門人互相傳授，各記其師說，至宏而遂著之，後人又復增加，殆非成於一人之手，則或以爲子夏，或以爲毛公，或以爲衛宏，其勢然也。」

以上所言，有直針對《毛詩關雎序》（詩大序）而言者，有合《毛詩關雎序》及其他小序而言者，其實都與《毛詩關雎序》有關，乃列舉如上。關於這方面的問題，張西堂《詩經六論》有較具體的辨析，可參照。而鑒於此文系統的紊亂與諸書言說的錯綜，基本上我是較偏向支持此文乃輯錄各說整理而成的看法。

## ㈢

《毛詩關雎序》在行文系統是有其紊亂的，已有不少前代學者看到這一點。蘇轍《詩集傳》云：

「其言時有反復煩重，類非一人之辭者。」

李樗云：

「詩之序多有重複者，唯《關雎》爲尤甚。」

范家相《詩瀋》以「其文義，牽合聯綴」，崔述《讀風偶識》亦以其「平衍淺弱，雖有精粹之言，亦多支蔓之語」。因此對這樣的作品，絕對不能一味地尊奉，直加搬引，而無視其中存在的問題，甚而以之作爲發揮己見的論據。

相反的，我們也不能以爲這篇序文存有上述的問題，就將它棄之不顧，把它摒棄在中國文學批評的研究範圍之外。這篇文章雖有系統紊亂、錯雜衆說的問題，但它畢竟是由儒學學者輯錄而成的作品，輯錄整理過程自有其標準，這些標準也反映了輯錄整理者的詩觀。從文章中，可以了解輯錄整理者對詩的發生、詩與歌與樂與舞的關係、詩與時代的關係、詩的作用、詩的體制、詩的情感表露方式、詩的個性與社會性等等方面的意見，而其論點，是貫串着儒家詩論的精神的。不能掌握這一層，而將這篇文章棄之不理，將使我們缺少了一篇早期儒學者論詩的重要文獻，更何況它對後代的詩論與詩經學具有重大的影響。不能掌握這一層，只是截取其中的言論而闡發本身的意見，如只依據「詩者，志之所之」與「情動於中而形於言」，而發揮「性靈說」的意見，實有歪曲原文思想精神之處。

而無視文中用語語義含糊的情形，不加詳辨，截取其中字句以發揮詩見，也是有待商榷的態度。比如無視文中「情」與「志」的意思是相同相通的，而硬把志字解爲「懷其時」，情字解爲「觸其物」，或把「志」字解爲品格或志向；無視「吟咏性情」之性情一詞所含的道德意義，直把性情理解爲性情之眞，或把它理解爲與理智相對的感情活動，都有歪曲原文語義的弊端。

中國文學批評作品之存有語義含糊與欠缺系統的問題的，爲數不少，其原因我在《中國文學批評作品用語語義含糊的問題》與《中國詩論作品欠缺系統問題》兩文中曾有釋說，此不贅述。我要強調的是各文學批評作品，所存在的有關問題雖不盡相同，問題的嚴重性也不一，但我們要分析這些作品，實在有須正視這些問題，并設法加以解決，這樣，才能較爲準確地把握有關作品的字句，并能較準確地分析作品中的意見。本文以《毛詩關雎序》所存在的問題爲例，指出後代詩論者在理解這篇作品的偏差，目的就在於說明這一點。

【註　釋】

①楊松年《中國古典文學批評論集》（香港：三聯書店，1987），頁 1－16 及 58－73。

②同上書。頁 25－27 及 74－108。

③見《毛詩注疏》卷一之一。《十三經注疏》本（臺北：藝文印書館）。《毛詩關雎序》原文附文后。

④案：大序、小序之分，衆說紛紜。此取鄭玄《詩譜》之說。其他說法可參閱張西堂《詩經六論》（上海：古典文學出版社），頁 119－110。

⑤該書卷三。《二程集》（北京：中華書局，1981），頁 1046。

⑥邵雍《伊川擊壤集》。《四部叢刊初編》。（上海：商務印書館縮印江南圖書館藏明成化刊本）。

⑦該書卷上。《歷代詩話續編》本（北京：中華書局，1983），頁 452。

⑧《歷代詩話》（北京：中華書局，1981），頁 764。

⑨《有學集》卷十五。《四部叢刊初編》（上海：商務印書館縮印康熙甲辰初刻本），頁 129。

⑩同上書卷。四十七。頁 462。

⑪《初學集》卷三十一。《四部叢刊初編》（上海：商務印書館縮印明崇禎癸未刻本），頁 332。

⑫該書卷上。《歷代詩話續編》。頁 1316。

⑬吳喬《圍爐詩話》卷之一。《清詩話續編》（上海：上海古籍出版社，1983），頁 480。

⑭《清詩話》（北京：中華書局，1963），頁 30。

⑮《清詩話續編》。頁 2417。

⑯同上書。頁 1641。

⑰同上書。頁 2222－2223。

⑱同上書。頁 2444。

⑲同上註。

⑳同註③。

㉑《詩廣傳》卷一（北京：中華書局，1963），頁 21。

㉒同註③。

㉓《毛詩·關雎序》云：「《周南》、《召南》，正始之道，王化之基。」（《毛詩註疏》卷一之一）。

㉔同註㉖。頁 20－21。

㉕《歷代詩話》。頁 4。

㉖《兩晉南北朝文匯》。（臺北：臺灣中華叢書編審委員會出版，1960），頁 1634。

㉗同上書。頁 211。

㉘《歷代詩話》。頁 688。

㉙《經典釋文》卷五。《四部叢刊初編》（上海：商務印書館縮印通志堂刊本），頁 51。

㉚《禮記》。卷十一。《四部叢刊初編》（上海：商務印書館縮印宋刊本），頁 119。

㉛同上註。頁 111。

㉜《儀禮》。卷六。《四部叢刊初編》（上海：商務印書館縮印長沙葉氏藏明岳氏相堂本），頁 110。

㉝同註㉞。卷一。頁 9。

㉞《二程集》。卷十八。（北京：中華書局），頁 229。

㉟該書《詩序辨》（北京：樸社，1933），頁 3。

# 附　錄

《關雎》，后妃之德也；風之始也，所以風天下而正夫婦也。故用之鄉人焉，用之邦國焉。風，風也，教也。風以動之，教以化之。詩者，志之所之也。在心爲志，發言爲詩。情動於中，而形於言；言之不足，故嗟嘆之；嗟嘆之不足，故永歌之；永歌之不足，不知手之舞之，足之蹈之也。情發於聲，聲成文謂之音。治世之音安以樂，其政和；亂世之音怨以怒，其政乖；亡國之音哀以思，其民困。故正得失，動天地，感鬼神，莫近於詩。先王以是經夫婦，成孝敬，厚人倫，美教化，移風俗。故詩有六義焉：一曰風，二曰賦，三曰比，四曰興，五曰雅，六曰頌。上以風化下，下以風刺上；主文而譎諫，言之者無罪，聞之者足以戒，故曰風。至於王道衰，禮義廢，政教失，國異政，家殊俗，而變風變雅作矣。國史明乎得失之迹，傷人倫之廢，哀刑政之苛，吟咏情性，以風其上，達於事變，而懷其舊俗者也。故變風發乎情，止乎禮義。發乎情，民之性也；止乎禮義，先王之澤也。是以一國之事，系一人之本，謂之風。言天下之事，形四方之風，謂之雅。雅者，正也，言王政之所由廢興也。政有小大，故有《小雅》焉，有《大雅》焉。頌者，美盛德之形容，以其成功告於神明者也。是謂四始，詩之至也。然則《關雎》《麟趾》之化，王者之風，故繫之周公。南，言化自北而南也。《鵲巢》《騶虞》之德，諸侯之風也，先王之所以教，故繫之召公。《周南》《召南》，正始之道，王化之基。是以《關雎》樂得淑女以配君子，憂在進賢，不淫其色。哀窈窕，思賢才，而無傷善之心焉，是《關雎》之義也。

# 研究中國文學批評所面對的問題：

## 以司空圖《二十四詩品》為例的說明

前曾以《毛詩關雎序》爲例，說明重於辨事析理的中國文學批評作品所存在的用語語義含糊以及缺乏理論表達的系統性的問題。①重於辨事析理的文章，主在表達作者志意，以求達到準確地把訊息傳達給讀者的目的。其中若有文飾，亦以不違反原本所要表達的志意爲原則。荀子《正名篇》云：

「君子之言，涉然而精，俛然而類，差差然而齊。彼正其名，當其辭，以務白其志義者也。彼名辭也者，志義之使也，足以相通，則舍之矣；苟之，姦也。故名足以指實，辭足以見極，則舍之矣。外是者謂之訒，是君子之所棄，而愚者拾以爲己寶。」②

即以「君子之言」，旨在「務白其志義」。若所使「志義」，「足以相通」，則「舍之」，就是此義。我就是在前述的文章中，本於《毛詩關雎序》的作者，在所用名辭是否能表達其志義，以與讀者足以相通，以及在表達事理之系統上，是否有紊亂之處，提出研究這篇文章時所會面對之問題。

(一)

然而，過去的文學評論者，在觸及美感判斷及審美經驗時，就發現知性的概念與邏輯性的推理方法，是無法包含與傳達他們所要表露的理念與經驗的。晉陸機（261－303）《文賦序》即曾表示：

「至於操斧伐柯，雖取則不遠，若夫隨手之變，良難以辭逮。」③

又云：

「恆患意不稱物，文不逮意，蓋非知之難，能之難也。」④

中國學者察覺語言在表達包羅甚廣，變化奇妙的事物與傳達精奇神妙的審美經驗的局限性的，并非始於陸機。早在春秋時代，孔子曾見及語言之不足以表天道四時之變化而言云：

「夫何言哉！四時行焉，百物生焉，夫何言哉！」⑤

《易·系辭》亦載孔子之言云：

「書不盡言，言不盡意。」⑥

老子、莊子在審察語言文字之不足以表達神奇的道理與現象上尤有特出的表現。《道德經》首章云：

「道可道，非常道；名可名，非常名。」⑦

以「可道」之「道」，不是「常道」；亦以「可名」之「名」，不是「常名」，雖然不曾直接地否定語言文字的能力，但是細按其意，實以語言文字對玄妙之「常道」、「常名」而言，是不可「道」，不可「名」的。至於《道德經》五十六章云：

「知者不言，言者不知。」⑧

八十一章云：

「善者不辯，辯者不善。」⑨

則是就絕對的玄妙的道理的角度，來否定語言文字的傳達作用了。所以老子提倡不言之教，曾云：

「不言之教，無爲之益，天下希及之。」⑩

又云：

「處無爲之事，行不言之教。」⑪

這種看法在《莊子》書中有更進一步的發揮。莊子在書中

《知北游》篇和《天道》篇發揮「知者不言，言者不知」之說云：

「夫知者不言，言者不知，故聖人行不言之教。」⑫

「夫形色名聲果不足以得彼之情，則知者不言，言者不知，而世豈識之哉！」⑬

而《天道》篇云：

「世之所貴道者，書也。書不過語，語有貴也；語之所貴者，意也。意有所隨，意之所隨者，不可以言傳也，而世因貴言傳書。世雖貴之，我猶不足貴也，爲其貴非其貴也。」⑭

就形而上的玄妙之「意」而言，語言文字是不能予以全面地包含與傳達的，因此也就不足爲貴了。《秋水》篇云：

「可以言論者，物之粗也；可以意致者，物之精也。言之所不能論，意之所不能察致者，不期精粗焉。」⑮

以「物之精」，只能「意致」，不能「言論」。而「不期精粗」之更玄妙之境界，則是「言」「意」所不能達及的。不但否定了語言之能力，也否定了意致的可能性了。

魏晉時期發生的「言」「意」之辨，值得我們進一步理解中國學者對「言」「意」關系時參考。晉歐陽建（？－300）以「意」可爲「言」而「盡」，「言」、「意」如「形」、「影」相附，不可拆而爲二：

「言不暢意，則無以爲相接；名不辨物，則鑒識不顯。鑒識顯而名品殊，言稱[illegible]而情志暢。……欲辨其實，則殊其名；欲宣其志，則立其稱。名逐物而盡，言因理而變，此猶聲發響應，形存影附，不得相存爲二。苟其不二，則無不盡，吾故以爲盡矣。」⑯

然而承繼莊子等之言論體系的，則發揮「言」「象」不能盡「意」

之說。荀粲答兄之言云：

「立象以盡意，此非通乎象外者也，象外之意故蘊藏而不出矣。」⑰

王弼（226－249）《周易略例》之《明象》篇云：

「夫象者，出意者也。言者，明象者也，盡意莫若象，盡象莫若言。言生於象，故可尋言以觀象；象生於意，故可尋象以觀意。意以象盡，象以言著，故言者所以明象，得象而忘言；象者所以存意，得意而忘象。猶蹄者所以在兔，得兔而忘蹄；筌者所以在魚，得魚而忘筌也。」⑱

歐陽建所言之「意」，是指由語言文字所包含（盡）之「意」，是形而下的。王弼所言之「意」，是指只能由語言文字所「暗示」所「啓發」（盡）之「意」，是形而上的。不僅所言之「意」字含義不同，所言之「盡」字含義亦不同。形而上的「意」，是不能由語言文字所含括的。形而上之「意」，旣不能由語言文字所含括，所以陶潛（？－427）在慨嘆造物之神妙時，不禁咏道：

「此還有眞意，欲辨已忘言。」⑲

而文學作品所發露的，是作者與外間客觀的觀照交融，在其內心觸發的種種變化多端的內心反應與美感經驗。它所表現的特色，與其他學問不同，是超越邏輯與知性思維的；它所表現的情緒，是變幻的，難以言喩，離形去迹的。所以嚴羽《滄浪詩話》在談及詩的特質與所達到的妙境時，就用「無迹可求」，「不可湊泊」等詞語加以形容：

「夫詩有別材，非關書也；詩有別趣，非關理也。然非多讀書多窮理，則不能極其至。所謂不涉理路，不落言筌者上也。詩者，吟咏性情也。盛唐人唯在興趣，羚羊挂角，無迹可求。故其妙處，透徹玲瓏，不可湊泊，如空中之音，相中之色，水中之月，鏡中之象，言有盡而意無窮。」⑳

唯其「無迹可求」，「不可湊泊」，因此文學作品以其能引起讀者的多義性的反應以及無窮的回味爲貴。這也是嚴羽《滄浪詩話》肯定詩作宜有「一唱三嘆之音」的原因。

## (二)

一些中國文學的作者，面對檢討與闡述這些神秘的變化多端的文學美感經驗，或者欲對這些文學現象，作出審美的判斷時，深深感到抽象性的概念與邏輯性的思維是不足以表達內心的意見的，於是采用意象語與文學創作的方式，以體現本身的感受與經驗。司空圖（837－908）的《二十四詩品》就是其中一個例子。

《二十四詩品》是二十四首四言組詩。每首有十二句，每句有四字。在這二十四首四言組詩之中，司空圖以形象語言，藝術地創造了二十四《詩品》，其特色爲「指事類形，罕譬而喻，寄興無端，涉筆成趣」㉑。雖是論詩之作，而《全唐詩》列此二十四首詩於司空氏詩作之末，顯然又是把它當作詩的。

《詩品》由於是以詩體創作，又「寄興無端，涉筆成趣」，因此就引起理解作者原意的困難。是以孫聯奎解《詩品》，稱其作爲「臆說」，幷云：

「曩者余以浮淺之資，按品讀去，若不能解，而又以陶靖節之不求甚解解之，遂奄忽至今。己亥秋，以《詩品》授徒，令其廣所見聞，諸生悦，乃強余解說。夫《詩品》，解也難，說之亦難。昔詩人蔣斗南先生攜有稚松老人注解《詩品》一帙，余求得其書，旋即失去，至今怏怏，兹緣諸生強請，不能解也，說焉而已。說亦不能，臆焉而已。爰就各首之所意會者，姑爲箋注，其是與否未敢定也。諺

云道三不着兩，其余臆説之謂矣。」㉒

楊振綱亦以《詩品》其文「不可解」與「究不必解」，而反對強解，其言云：

「表聖《詩品》，發明作詩之旨詳矣，然其間往往有不可解處，非後人之不能解，實其文之不可解也。亦非文之實不可解，乃其文之究不必解也。讀者但當領略大意，於不可解處，以神遇而不以目擊，自有一段活潑潑地栩栩於心胸間。若字摘句解，又必滯於所行，不唯無益於己，且恐穿鑿附會，失卻作者苦心也。

故必以不解解其所不解，而後不解者無不解。如欲以強解解所不必解，而其所解者或歸於終不解。故吾願讀《詩品》者，持以不解之解，不必索解於不解，則自解矣。」㉓

今人詹幼馨《司空圖（詩品）衍譯》一書之<前言>亦云：

「《詩品》寫得比較空靈，給衍譯工作帶來一定的困難。古人説：解人正不易得，我的衍譯可能也只是臆説。」㉔

而不管箋釋者或分析者的態度爲何，事實是，他們所探測與論析《詩品》的結果是不同的。就以《詩品》的結構爲例來説明吧！

《詩品》所列二十四品的次第是：

雄渾　冲淡　纖穠　沉著　高古　典雅　洗煉　勁健
綺麗　自然　含蓄　豪放　精神　縝密　疏野　清奇
委曲　實境　悲慨　形容　超詣　飄逸　曠達　流動

後代的解人，有以爲各品之間有先後之聯繫的，如楊振綱之《詩品續解》云：

「詩品者，品詩也。本屬錯舉，原無次第。然細按之，

卻有脈絡可尋。」㉕

於具體分析各品之間之聯繫脈絡時，他說：

「詩文之道，或代聖賢立言，或自抒其懷抱，總要見得到，說得出，務使健不可撓，牢不可破，才可當不朽之一，故先之以雄渾。」㉖

「雄渾矣，又恐雄過於猛，渾流唯濁，唯猛唯濁，詩之棄也，故進之以冲淡。」㉗

「冲淡矣，又恐絕無彩色，流入枯槁一路，則冲而漠，淡而厭矣，何以奪人心目，故進之以纖穠。」㉘

「纖則易至於冗，穠則或傷於肥，此輕浮之弊所由滋也，故進之以沉著。」㉙

「然而過於沉著，則未必能高華，一於沉着，又未必不俚俗，故進之以高古。」㉚

如是一一推述下去，至最後一品「流動」，云：

「其在《易》曰：變動不拘，周流六虛，天地之化，逝者如斯。蓋必具此境界，乃爲神乎其技，而詩之能事畢矣，故終之以流動。」㉛

楊廷芝《詩品淺解》雖然不以各品都有其先後之次第關系，但認爲它們之間有一定的架構。全詩二十四首，可分爲兩段，而以雄渾統冒諸品。《詩品淺解總論》云：

「二十四目前後平分兩段，一則言在個中，一則神游象外。首以雄渾起，統冒諸品，是無極而太極也。」㉜

前半自雄渾冒起之後，就從各方面論及冲淡、纖穠、沉著、高古、典雅、洗煉、勁健、綺麗、自然之處理，而後連帶言及含蓄與豪放。其言云：

「雄渾有從物之未生處說者，冲淡是也；有從物之已生處說者，纖穠是也。第沖淡難於沉着，纖穠難於高古，唯以典雅見根柢，於洗煉見工夫，進以勁健，而沉著高古不待言矣；見以綺麗，而沖淡纖穠又不必言矣。故以自然二字總束之。又從自然申足一筆，一言其萬殊而一本，一言其左宜而右有。含蓄豪放，申上即以起下。」㉝

於《二十四詩品小序》亦云：

「……予總觀統論，默會深思，竊以爲兼體用，該内外，故以雄渾先之。有不可以迹象求者，則曰沖淡，亦有可以色相見者，則曰纖穠。不沉著，不高古，則雖沖淡纖穠，猶非妙品，出之典雅，加之洗煉，勁健不過乎質，綺麗不過乎文，無往不歸於自然，含蓄不盡，則茹古而涵今，豪放無邊，則空天而廓宇，品亦妙矣，品妙而斯爲極品。」㉞

後半由精神提起，從而言及縝密、疏野、淸奇、委曲、實境、悲慨、形容；又用推原之筆，寫出超詣、飄逸、曠達，亦收本段，再以流動作結。《詩品淺解總論》云：

「以精神提起，精神周到則縝密，精神活潑則疏野。而縝密恐失之板重，疏野恐失之徑直，故又轉出清奇委曲二筆，而以實境束之。境何往不實，指出悲慨形容，正見品無時不然，亦無物不有。伸上實境，即縮上精神，斯亦完密之至矣。後用推原之筆，寫出超詣飄逸曠達三項。品直造於化境，而悲慨不足以介意，形容非僅以形似，收本段亦收上段，蓋至此而變動不居，周流六虛，流動之妙，與天地同悠久，太極本無極也。」㉟

《二十四詩品小序》亦云：

「夫品固出於性情，而妙尤發於精神。縝密則宜重宜嚴，疏野則亦鬆亦活。清奇而不至於凝滯，委曲而不容以徑直，要之無非實境也。境值天下之變，不妨極於悲慨；境處天下之賾，亦有以擬諸形容。超則軼乎其前，詣則絕乎其後，飄則高下何定，逸則閑散自如；曠觀天地之寬，達識古今之變，無美不臻，而復以流動終焉。品斯妙極，品斯神化矣。二十四品備，而後可與天地無終極。」㊱

孫聯奎則以「雄渾爲流動之端，流動爲雄渾之符」，中間各品，都與雄渾、流動二品有關。《詩品臆說附注》云：

「總通編言，雄渾爲流動之端，流動爲雄渾之符，中間諸品，則皆雄渾之所生，流動之所行也。不求其端，而但期流動，其文與詩有不落空滑者幾希。一篇文字亦似小天地，人亦載要其端可矣。」㊲

有些學者卻不以各品之間有聯繫爲然，認爲每品各自獨立，前後不相連貫。祖保泉《司空圖〈詩品〉解說》云：

「《詩品》是二十四首詩的集合體，正如蘇東坡所說，是司空圖有得於文字之表者，二十四韵；而不是一部有系統的東西。這二十四韵，每品各自獨立，前後不相連貫，并沒有顯示出什麼完整的體系。」㊳

明費經虞《雅倫》則以二十四品中，有些是可以孤行的，有些則是通用的，不能孤立，而是其他品的從屬。其言云：

「……唐司空表聖以一家有一家風骨，乃立二十四品以總攝之，蓋正變俱采，大小兼收，可謂善矣。然有孤行者，有通用者，猶當議焉。其曰：雄渾、冲淡、纖穠、高古、典雅、綺麗、自然、豪放、疏野、飄逸、各立一門。如洗煉、含蓄、精神、實境、超詣、流動、形容、悲慨之類，則未可專立也。雄渾有雄渾之洗煉，冲淡有冲淡之洗煉；

纖穠有纖穠之含蓄，高古有高古之含蓄；典雅有典雅之精神，綺麗有綺麗之精神也。又勁健、沉著，不外雄渾；縝密，不外典雅；委曲，不外含蓄；清奇、曠達，不外豪放。」㊴

有些學者則以爲品與品之間是有聯繫的，但并不是通體都有脈絡可尋。吳調公《詩品·詩境·詩美：司空圖〈詩品〉的美學觀》云：

「總的看來，這些品的區分比較細致，其間彼此策應，互爲補充。綜合起來，儼然一個整體。說作者信手拈來，湊成二十四則，大概是不妥的；但也不能過分拘泥牽強，硬是根據二十四品原來序列，做八股文接搭工夫。……部分的品與品間，容或是有聯繫的，然而要說通體都有脈絡可尋，那就難免穿鑿附會了。」㊵

而詹幼馨《司空圖〈詩品〉漫議》雖不以各品有先後之次序，但仍認爲通體是有脈絡可尋，於是重新安排二十四品的次序，企圖探索其脈絡。文中說：

「文章的結構是反映作者的思路的。從結構看思路的必要性不言而喻。弄清《詩品》的結構比較困難，首先不要執著於二十四品現行的排列順序，避免曲爲解說，否則是不容易解脫的。同時，也不要全盤否定次序的作用。因爲執筆之初，總得有一個安排。其次，不一定要完全從順序上考慮問題，其他可以說明思路結構的材料，未嘗不可以幫助我們理出頭緒來。」㊶

而經過他尋求後二十四品的脈絡如下：

「雄渾與冲淡是陽剛與陰柔的兩類不同的風格，所以安排在第一、第二。它們不僅可以代表風格，還意味着人品與風格的關係。纖穠是又一種情況，說風格，可以；說與人品有關，就和雄渾與冲淡之與人品的關系，不可同日而語了。我想提雄渾之氣、冲淡之情、纖穠之辭，從氣、情、辭三個方面來突出三品的特征以示區別，便於總覽全局。以雄渾爲主，其下可以繫以勁健、豪放、悲慨；以冲淡爲主，其下可以繫以高古、超詣、曠達、疏野、清奇、飄逸；與纖穠相應者，有綺麗、典雅。以上十四品總分三類，全屬風格。此外十品可以視爲寫作之功力。沉著與縝密合觀，洗煉、實境、形容幷列，含蓄、委曲近似，自然、精神、流動本質則一。」㊷

以上僅說明各說對《詩品》結構的看法，顯示他們在這問題上的不同理解。

## ㈢

至於二十四品之中，司空圖是否有偏重的主品呢？也有不同的看法。在這個問題上，清代的王士禎（1634－1711）與趙執信（1622－1744）的不同看法就常爲中國文學評論研究者所津津樂道。王士禎在《香祖筆記》中說：

「表聖論詩，有二十四品，予最喜：不著一字，盡得風流八字。又云：采采流水，蓬蓬遠春。二語形容詩境，亦絕妙。正與戴容州：藍田日暖，良玉生烟八字同旨。」㊸

《帶經堂詩話》云：

「或問不着一字，盡得風流之說。答曰：太白詩：牛渚西江月，青天無片雲。……襄陽詩：挂席幾千里，名山都未逢。……詩至北，色相俱空。政如羚羊挂角，無迹可求。畫家所謂逸品是也。」㊹

趙執信直駁云：

> 「司空表聖云：味在酸咸之外。蓋概而論之，豈有無味之詩乎哉？觀其所第二十四品，設格甚寬。後人得以各從其所近，非第以不著一字，盡得風流爲極則也。」㊺

其實，在《香祖筆記》與《帶經堂詩話》中的王氏有關言論中，王氏只說「最喜不著一字，盡得風流八字」與贊許具有這八字境界的李白詩與孟浩然詩，色相俱空，如羚羊挂角，無迹可求，并沒有專主某些品格的論調。倒是在《鬲津草堂詩集序》中，他說：

> 「昔司空表聖作《詩品》凡二十四，有謂冲淡者曰：遇之匪深、即之愈希；有謂自然者曰：俯拾即是、不取諸鄰；有謂清奇者曰：神出古异，澹不可收。是三者品之最上。」㊻

於二十四品中，偏主冲淡、自然、清奇三品。

孫聯奎《詩品臆說附注》云：

> 「總通編言，雄渾爲流動之端，流動爲雄渾之符。中間諸品，則皆雄渾之所生，流動之所行也。」㊼

於二十四品中，強調雄渾、流動二品。

吳調公《詩品·詩境·詩美：司空圖〈詩品〉的美學觀》云：

> 「《詩品》的美學範疇是多樣的，具見作者能博采兼收；然而在多樣範疇中，基本內容，亦即詩人的美學理想，仍自可見：突出雄渾、冲淡二品。」㊽

於各品中，強調雄渾、冲淡二品。

由前引之詹紭馨《司空圖〈詩品〉衍譯》，我們可以知道作者是從氣、情、辭三個方面來分別突出雄渾、冲淡、纖穠三品，并於三品之外繫以其他相關之各品，則詹氏於二十四品中，顯然

強調雄渾、沖淡、纖穠三品。㊾

王建元的《現象詮釋學與中西雄渾觀》一書雖然不是論析司空圖《詩品》的專著，但論及二十四詩品的「雄渾」時說：

「司空圖從二十四品的首品，就已經進入了横亘中介著距離化和混化認同之間的架構，而將他整個詩學的詮釋運作縱横盤亘於其内。」㊿

又說：

「……統冒諸品的雄渾不只與勁建和豪放一起形容一個卓爍勢盛的文體風格，它還有綜合整個二十四品的統攝作用，故此單單分析以上三首詩可能予人一個以偏蓋全的感覺。其實從其他的詩品中，我們同樣可以找到支持上面的詮釋讀法的若干片段。」51

論及「流動」一品時說：

「二十四品最後的流動，可以說綜合整個《詩品》所闡揚的詮釋意識，也同時概括司空圖的詩學怎樣建立一個詮釋循環體系。說文章詩作的變動不拘和流行動蕩（《淺解》）而用上坤軸、天樞、神明、冥無等，也就同時將論點提升到天地造化，永恆運轉的玄機。」52

因此，在王氏的心眼中，如果我的理解沒錯的話，於二十四品，他偏重雄渾一品，或者，雄渾與流動二品。

《四庫全書總目提要》的作者，則認爲司空氏所列二十四詩品，乃求諸體畢備，而不求一格。其言云：

「《詩品》一卷。唐司空圖撰。……是書亦深解詩理，凡分二十四品。……各以韵語十二句體貌之。所列諸體俱備，不主一格。王士禎但取其采采流水，蓬蓬遠春二語，又取其不著一字，盡得風流二語，以爲詩家之極則，非圖意

也。」㊸

這種不專主一格的看法也受到後代學者如祖保泉之支持。祖保泉《司空圖〈詩品〉解說》一書中就強調了司空圖不主一格的見解。㊹

## (四)

於《二十四詩品》內容之探討上，各家的看法亦有分歧。

許印芳《二十四詩品跋》以《詩品》所言可分爲兩類，其一言品格，如雄渾、高古；其一言功用，如實境、精神。其言云：

「《二十四詩品》，分題繫辭，字字新創，比物取象，目擊道存。然品格必成家而後定。如雄渾、高古之類，其目凡十有二。至若實境、精神之類，乃詩家功用，其目亦十有二。」㊺

又詳述詩家功用之十二品云：

「竊嘗會通其義，究厥終始。詩興所發，不外哀樂兩端，或抽悲慨之幽思，或騁曠達之遠懷，佇興而言，無容作僞。其作用有八：先從實境下手，次加洗煉工夫，敘事要精神，寫情要形容，意要委曲，法要縝密，而總歸於氣機流動，出語自然。其深造之境有二：溫厚微婉，則有含蓄之美；刻摯切至，則有沉著之美。」㊻

述詩之品格成家之十二品云：

「所造既深，始成家數。分門別戶，加以品題：雄渾第一，高古次之，豪放第三，勁健第四，超詣第五，飄逸六，清奇七，冲淡八，疏野九，典雅十，綺麗十一，纖穠十二。末二品外貌多，內功少，要貴麗而樹骨，濃而澤古，方自成家。故其疏麗在濃淡之間，疏濃在與古爲新也。」㊼

朱東潤認爲二十四詩品所論，乃關於詩人生活、詩人思想、詩人與自然之關係，作品之陰柔與陽剛之美，以及寫作的方法。《司空圖詩論綜述》云：

「《詩品》一書，可謂爲詩的哲學論，對於詩人之人生觀，以及詩之作法，詩之品題，一一言及。驟舉觀之，似無端緒可尋，或稱其爲顯然不相聯結者以此，遽爲分門別類，往往病於揣測。今不嫌附會，試以二十四詩品，分列於次：

一、論詩人之生活　疏野　曠達　沖淡

二、論詩人之思想　高古　超詣

三、論詩人與自然之關係　自然　精神

四、論作品
- 陰柔之美　典雅　沉著　清奇　飄逸　綺麗　纖穠
- 陽剛之美　雄渾　悲慨　豪放　勁健

五、論作法　縝密　委曲　實境　洗煉　流動　含蓄　形容」(58)

吳調公則以《詩品》的主要內容有三：

「詩境與風格多樣性的探索；對味外之味的詩境的傾心；樸素美的提倡。」(59)

各家看法亦有不同。如就其中一些說法再進一步探討，更見歧異。如朱東潤即以司空氏的思想深受佛老的影響。《司空圖詩論綜述》云：

「生世無常，每爲一般宗教出發之點，表聖漸漬於佛老二家者久，又感於當時之國事，故於此尤反復言之。悲慨一品，不特論評作品，實不啻爲全篇張本，其他見於曠達者亦可見。」(60)

祖保泉則認爲：

「在司空圖的著作里，就所表現的思想而論，儒、釋、道兼而有之。但就詩品而論，如果我們把它當作詩來讀的話，便會感覺到作者一刻也沒有忘記向人們吐露他的玄遠的、超然世外的思想。應該說，道家思想是《詩品》在論詩的風格時所顯示出來的基本思想。」㊻

而詹幼馨云：

「從世界觀的角度看，司空圖說：甘得寂寥能到老，一生心地亦應平。可見他一方面幻想着願意寂寥、冲淡，一方面又清醒地認識到此心難平。這也正是《詩品》中消極、積極、退隱、進取兩中思想矛盾交織而終於揉合在一道的原因。」㊽

至於對各品字句的訓釋，各品內容的理解，也有明顯的不同的看法，這里不擬詳細說明了。

## ㈤

《二十四詩品》之所以會引起研究者或讀者的歧異性的反應與了解，主要就在於它利用形象的說明、意象的表達、比喻的應用來表露他對詩歌的看法，詩的風格與創作的意見。這種表達情意的處理當然并非始於司空圖。早在戰國時代，莊子就曾運用大量的生動形象，奇特的想象與豐富的比喻來表露他的哲理。㊿魏晉南北朝時，人們賞鑒品評人物，察覺用概念與抽象的字眼與敘述并不能生動地反映他們的看法，於是也多用形象的比喻。如山濤稱贊嵇康的爲人云：

「嵇叔夜之爲人也，岩岩如孤松之獨立，其醉也傀俄如玉山之將崩。」64

王戎贊太尉王衍云：

「太尉神資高澈，如瑤林玉樹，自然是風塵外物。」㉟65

《世說新語》中所載此類例子甚多。而影響所及，於文學藝術之評鑒上，評者亦多取用此法。袁昂評王羲之，王獻之書法時說：

「王右軍書，如謝家子弟，縱復不端正者，爽爽然有一種風氣。王子敬書，如河洛間少年，雖皆荒悅而舉體蹉跎，殊不可耐。」66

鍾嶸品詩，亦多用此法。如品范雲、丘遲詩云：

「范詩清便宛轉，如流風回雪；丘詩點綴映媚，似落花依草。」67

品謝靈運詩云：

「……名章回句，處處間起；麗典新聲，絡繹奔會，譬猶青松之拔灌木，白玉之映塵沙，未足貶其高潔也。」68

其他例子亦見於對顏延之、潘岳、謝混等詩之品評中。唐人評詩，亦取此法。皎然《詩式》贊謝靈運云：

「康樂爲文，直於性情，尚於作用，不顧詞彩，而風流自然。彼情景當中，天地秋色，詩之量也；慶雲從風，舒卷萬狀，詩之變也。」69

殷璠《河岳英靈集》評唐人詩，也是如此。如評常建詩云：

「建詩似初發通莊，欲尋野徑。百里之外，方歸大道。所以其旨遠，其興僻，佳句輒來，唯論意表。」70

評王維詩云：

「維詩詞秀，意新理愜，在泉爲珠，着壁成繪，一字一句，皆出常情。」71

這種應用比喻於批評鑒賞的手法，遂成爲中國文學批評傳統中的一項特徵，它的進一步發展，更導致論者以詩歌創作的方式來論詩評詩，於七言絕句上，杜甫七言絕句組詩《戲爲六絕句》就是這種影響後代深遠的體制的首創者。在李白的五言古詩中，杜甫的七言律詩中，也可以看到論詩的文句。而司空圖的《二十四詩品》，以形象的塑造，比喻的運用的四言詩來論述詩的風格，境界與創作手法等問題，則開創了後代以四言組詩論詩的先例。

采用意象語，形象說明的文論詩論作品，確實令研究者面對不少的問題。高友工就中國文學批評傳統的角度表示：

> 「(文學批評）原則上是一種純粹的美感活動。正如以前所說美感活動同時是想象和觀照，這兩種心理活動在美感的領域中都同時不能用分析語言來代表，而卻能用一個感性觀念來把握住（至少象征了）這個美感經驗和判斷。所以很多的詩評家幷不采取分析的道路，而全力希望以一字、一詞或一語來象徵他們的經驗。」㉒

確實能道出過去許多中國詩文論者處理他們的評論方法的特殊性。然而，一如龔鵬程在《〈文心雕龍〉的價值與結構問題》中所言及的：

> 「文學創作無論如何，總須依賴意象和想象力的構作，文學理論的思考則依概念與邏輯。只是邏輯於概念碰到美感判斷及審美經驗之問題時，往往力有未逮，爲了突破認知概念之語言及方法的限制，文評家有時不得不采用意象語，以複現藝術品之整體感受經驗。此所以我國文評語言多有詩意也。然無論詩話詞話的文字多麼美，它們畢竟都只是有詩意，而不是詩。即使文評本身就是文學作品，如《文賦》及論詩論詞絕句之類，我們所看重的，也仍是它的論，而不是它本身作爲文學作品的價值。」㉓

問題是，像司空圖《二十四詩品》這樣的作品，司空圖是以想象與觀照的美感活動，通過復現藝術品來表露他的美感經驗，而研究者所看重的，卻是蘊藏在它里頭的「理」。兩者的距離是極大的。如果要縮短其間的距離以「準確」地剖析其理，就是研究者面對的極大難題。深令人慨嘆的，是《錦瑟》難解，而不是「無人作鄭箋」。

近數十年來，司空圖《二十四詩品》已逐漸成爲中國文學批評研究的熱門題目。在學者們的努力下，或者把握司空氏的生平以探測其思想（政治思想、哲學思想、文學思想），或者依據作品的語言分析去索解，或者依據詮釋學的原理去探求等，雖然要得出一個理解司空氏在《詩品》所表露的詩論詩觀的全面共識還稱不上，但作品與研究者之間的差距已有逐漸拉近的趨勢，這是令人較爲欣慰的發展。

無論如何，本文以司空圖《二十四詩品》爲例，說明了研究中國文學批評的其中一種體制：以意象語、形象塑造的語言，幷以藝術復制品如詩、賦等來表露論者的詩文觀點的作品所面對的問題。

## 【註　釋】

①原題爲《研究中國文學批評所面對的問題：以〈毛詩關雎序〉爲例的說明》，曾於 1980 年 4 月 26 日至 30 日在臺北舉行的第三屆東西文學理論國際學術會議上宣讀。

②王先謙《荀子集解》卷十六。《諸子集成》㈡（北京：中華書局，1954），頁 283。

③李善注《文選》卷十七。頁一（臺北：藝文印書館據宋淳熙本影印，1967）。

④同註③。

⑤《論語注疏》卷十七。頁 8，《十三經注疏》（臺北：藝文印書館影嘉慶二

十年江西南昌府學開雕本，1965)。

⑥《周易注疏》卷七。頁 30。《十三經注疏》。

⑦王弼注《老子道德經》上篇。頁一。《四部備要》(上海：中華書局據華亭張氏本校刊)。

⑧同註⑦。頁 12。

⑨同註⑦。頁 24。

⑩同註⑦。

⑪同註⑦。

⑫王先謙《莊子集解》卷六。《諸子集成》(三)。頁 137。

⑬同註⑫。卷四。頁 87。

⑭同註⑬。

⑮同註⑬。卷四。頁 102。

⑯見《藝文類聚》卷十九引歐陽氏之語（北京：中華書局校印南宋紹興本，1965)，頁 348。

⑰李善注《昭明文選》所收孫綽《游天臺山賦》引荀氏語。《文選》(臺北：藝文印書館影宋淳熙本，1967)，頁 9。

⑱王弼《周易略例》卷一。頁 11。《百子秘笈匯函》。《中國文學名著集成》(臺北：中國文學名著集成編印基金會)

⑲陶潛《雜詩》「結廬在人境」句。《文選》卷三十。頁 3。

⑳嚴羽《滄浪詩話》。見何文煥編《歷代詩話》（北京：中華書局，1981)，頁 668。

㉑楊廷芝《二十四詩品淺解自序》引朱敦甫語。見《司空圖〈詩品〉解說二種》(山東：齊魯書社，1980)，頁 73。

㉒孫聯奎《詩品臆說自序》。同上註。頁 7。

㉓楊振綱《詩品續解自序》。見郭紹虞《詩品集解·續詩品注》（香港：商務印書館，1965)，頁 68。

㉔詹幼馨《司空圖〈詩品〉衍譯》(香港：華風書局，1983)，頁 2。

㉕同註㉓。頁 68。

㉖同註㉓。頁 3。

㉗同註㉓。頁 5。

㉘同註㉓。頁 7。

㉙同註㉓。頁 9。

㉚同註㉓。頁 10。

㉛同註㉓。頁 42。.

㉜同註㉓。頁 62。

㉝同註㉜。

㉞同註㉑。頁 85。

㉟同註㉜。

㊱同註㉞。

㊲同註㉑。頁 47。

㊳見祖保泉《司空圖〈詩品〉解說》(合肥：安徽人民出版社，1980)，頁 8。

㊴引自詹幼馨《司空圖〈詩品〉衍譯》。頁 175。

㊵吳調公《古代文論今探》(西安：陝西人民出版社，1982)，頁 157。

㊶詹幼馨《司空圖〈詩品〉衍譯》。頁 157。

㊷同註㊶。頁 157－158。

㊸王士禎《香祖筆記》。《王漁洋遺書》。

㊹《帶經堂詩品》卷三。(北京：人民文學出版社，1963)，頁 77－78。

㊺趙執信《談龍錄》。見《清詩話》(上海：上海古籍出版社，1978)，頁 314。

㊻王士禎《蠶尾集》卷七。《王漁洋遺書》。

㊼同註㉓。頁 47。

㊽同註㊵。頁 114。

㊾同註㊶。

㊿王建元《現象詮釋學與中西雄渾觀》（臺北：東大圖書公司，1988），頁 191。

51同註㊿。頁 206。

52同註㊿。頁 208。

53《欽定四庫全書總目》卷一九五，頁 10（臺北：藝文印書館）。

54祖保泉《司空圖〈詩品〉解說》。頁 21。

55同註㉓。頁 73。

56同註55。

57同註㉓。頁 73 至 74。

58朱東潤等《中國文學批評家與文學批評㈠》（臺北：學生書局，1971），頁 171－172。

59吳調公《司空圖和他的〈詩品〉》。《古代文論今探》。頁 89。

60同註58。頁 172。

61同註54。頁 13。

62同註㊶。頁 146。

63林徐典《先秦哲理散文》第五章〈莊子〉（新加坡：新加坡國立大學中文系，1982），頁 117－129。

64劉義慶《世說新語》卷下之上。《四部叢刊初編》（上海：商務印書館縮印明嘉趣堂本），頁 100。

65同註64。卷中之上。頁 70。

66同註64。

67鍾嶸《詩品》卷中。見何文煥編《歷代詩話》（北京：中華書局，1980），頁 15。

68同註67。卷上。頁 9。

⑲皎然《詩式》「文章宗旨」條。《歷代詩話》。頁 30。

⑳殷璠《河岳英靈集》卷上。見《唐人選唐詩》（北京：中華書局，1958），頁 49。

㉑同註⑳。頁 58。

㉒高友工《文學研究的理論基礎：試論「知」與「言」》。《中外文學》第七卷，第七期。1978 年 12 月，頁 19。

㉓龔鵬程《文學批評的視野》（臺北：大安出版社，1990），頁 86。

# 選集的文學評論價值：

## 兼評中國文學批評史的寫作

### 一

中國文學批評史的著作，一向以來，存在著頗為嚴重的資料掌握不足與分析方法偏差等問題，以至不能較為全面與深入地展現各個時期文學批評的面貌以及發展狀況。七十年代初期，當我在香港大學撰寫博士學位論文的時候，已經覺察到當時所見到的幾部中國文學批評史著作所存在的上述問題，於是在論文中詳加指出並提出質疑。八十年代中期，我曾將論文中的部分章節略加整理，寫成《詩選之詩論價值：文學評論研究之另一個方向》，發表於台北《中外文學》，希望引起台灣研究中國文學批評同道的注意。①這篇論文也收在香港三聯書店於 1987 年出版的拙著《中國古典文學批評論集》之中。②在這段期間，我也開始修訂我的那篇博士學位論文，並細閱七十年代初期以後所出版的各種中國文學批評史的著作，發現過去所看到的和提過的問題，依然沒有得到很好地解決，所以也在修訂論文時再加指出與批評。修訂後的那篇論文，交由台北文史哲出版社出版，書名為《中國文學評論史編寫問題論析：晚明至盛清詩論之考察》。③近日讀及簡錦松《明代文學批評研究》④，書的序說中也曾提及文學史與文學批評史資料取用的偏差與分析方法的失當的問題，再環視近數年來，從事中國文學批評工作的陣容已較過去壯大得多，也出現不少傑出的專著與單篇作品，而中國文學批評史性質的著作，依然不能很好地突破原本的局限，解決所存在的問題，深感惋惜，乃再撰寫本文，以冀能引起較多與較大的反響。

## 二

簡錦松在他的書中言及資料處理的重要性時說：

學術研究中，資料之取得與運用，即可決定研究品質之高下，大量新而正確之資料，殆可提升研究之水準。⑤

書中並批評一些明文學史著作如錢基博《明代文學》與宋佩韋《明文學史》在這方面所出現的偏差：

「試考其資料來源，《明代文學》以錢謙益《列朝詩集》、朱彝尊《明詩綜》、沈德潛《明詩別裁》爲主要出處，故全書所引例證多爲詩，而少見文章；其人物評論多採《明史》、《清史稿》及錢、朱兩選之小傳爲根據，而參以《四庫總目提要》。《明文學史》始注意文人之別集，書中每論一人，常舉其集之名稱；察其所舉明人文集，出於四部叢刊者共十一家，南京龍蟠里圖書館所藏明刻本十八家及少量清刻本而已。此外，俞憲《盛明百家詩》亦見於引書中，錢、朱二選及四庫提要，雖不見稱引，而書中意見多與此合。……」⑥

簡君對其書之資料處理，亦加說明。簡言之，有以下幾點：1.逐一詳讀成化至嘉靖中期在世者之別集，以考察明人所面對之文學上之問題；2.總集以黃宗羲《明文案》、《明文海》，錢謙益《列朝詩集》，朱彝尊《明詩綜》爲主。其他詩話之書，附於集部中者亦取之。3.文集以外資料，正史以《明實錄》爲主，兼及《明史紀事本末》、《明通鑑》、《明史稿》、《明書》；制度之書，以俞汝楫《禮部志稿》，李東陽奉敕撰《大明會典》，黃佐《翰林記》、

《南雍記》爲主，輔以《明會要》、《吏部考功司題稿》、《大明詔令集》；文獻之書取《國朝獻徵錄》、《皇明名臣墓銘》；歷科舉之《登科錄》、《會試錄》、《鄉試錄》、《進士題名碑錄》、《皇明進士登科考》；此外，亦多方面參考方志資料，以考訂人物傳記；4.於文集中，不僅取談文學批評者，亦擇而取有助於說明典章制度、社會經濟，而堪以描繪文壇概況者。⑦所以簡君之作，特強於所研究時期（成化至嘉靖）社會背景、思想背景、文人出身與交往背景、文壇概況之論析，並由此而展現那個時期文學批評之情況。我在《中國文學評論史編寫問題論析》一書中曾論及背景研究對於編寫中國文學評論史的重要性，而簡君所論，實比我所要求的，更要全面與深入。他所持有的態度與取用的方法，可供欲撰寫文學批評史者參考。不過，要強調的是，目前文學批評史著作所出現的資料處理問題的偏差，不僅在於背景研究，更在於文學評論的論析。我嘗以詩論作品爲例說明這個問題。所謂詩論作品，如果是指討論詩的原理問題、評析詩人及其詩作的文字，那麼其範圍當包括詩話、詩選詩彙、箋註批點、詩人小傳、序跋、書信、論詩詩、筆記小說、書目提要、讀書記、文集中有關的單篇論文、紀事詩、墓銘、史書與方志中的詩人傳記等作品。因此表示：

> 「各種文學批評史，在資料的處理上，多偏重於詩話、序跋、書信、筆記小說等資料，來整理中國文學批評史，而較少注意到詩選詩彙、箋註批點、論詩詩、讀書記等作品。」⑧

而選集與箋註批點，實爲過去中國文學批評極爲重要的一環。編寫中國文學批評史的學者，多忽視這一重要環節而編述中國文學批評史，實令人慨嘆。這也是我會特選一文《詩選的詩論價值：

文學評論研究的另一個方向》的原因。文中所強調的有以下幾方面：

⑴選集是中國文學批評作品中極爲重要的一個部分，但並沒有獲得應得的重視。

選集可包括搜羅浩博，「使零章殘什，並有所歸」的全面收集一個時期的作品的彙編和「刪汰繁蕪，使莠稗咸除，菁華畢出」的經過刪選的選本。⑨前者如顧嗣立（1665－1722）的《元詩選》，後者如沈德潛（1673－1769）的《明詩別裁》。不論彙編者或刪選者，他們從哪個立場，哪個角度進行彙編或刪選作品，往往反映了選編者的文學觀點。如顧嗣立彙輯元詩，目的即在澄清一般人對元詩的誤解，說明元詩在中國詩的發展的歷史河流中，與宋詩有不同的特點，並具有上接唐、宋詩，下啓明詩的承傳作用，而不只是存詩與存人而已。⑩沈德潛的《明詩別裁》的選輯的目的，除突出他所肯定的詩人與詩作，標示明詩發展的正變盛衰情況之外，亦肯定明詩在中國詩史上的地位，它具有古風，其成就「陵宋轢元而上追前古」。⑪選集在古代中國的地位是極高的。王瑤曾經指出：中國人一向不太注重詩文評，他們對詩文的意見，常常是寓於總集之中，因此一部《文選》之影響中國詩人與文人，遠遠超過任何一部詩文評之作。⑫我們可從過去的文學活動，來鑒定它的眞實性。過去在詩文創作有一定成就，在文壇有一定地位的寫作者，往往就操選政，通過他們的選集來表達對詩文的看法，奠定他們在文壇的地位。在晚明至盛清這段期間，名作者如錢謙益（1582－1664），就有《列朝詩集》、《吾炙集》之選，朱彝尊（1629－1709）有《明詩綜》，王士禎（1634－1711）有《古詩選》、《唐賢三昧集》、《十種唐詩選》、《唐人萬首絕句選》、《感舊集》之作，沈德潛有《古詩源》、《唐詩別裁》、《明詩別裁》、《國朝詩別裁》之選。選集之作，影響文學批評甚大。《四庫全書總目提要》批評明別集，就多徵引朱彝尊《明詩綜》的有關論見。⑬錢謙益《列朝詩集》出，朱彝尊不滿意錢謙益的選錄與持論態度，乃另選《明詩綜》以「糾其謬」。⑭錢謙益的另一部選同時期詩友的作品《吾炙集》出，王士禎承其餘緒，另編其同時詩友之作《感舊集》。沈德潛編《國朝詩別裁》，取順治、康熙、雍正三朝作品。⑮其弟子王昶（1724－1806）覺得意義重大，乃作《湖海詩傳》⑯。王昶選詩論詩極重沈氏之說，故爲後代學者所嗤。⑰詩文選集還可反映一代之詩風。明代崇古、唐詩而貶斥宋、元詩。這固然是前後七子之主張，但在詩選上有鮮明的反映，如張之象（1496－1577）的《古詩類苑》、《唐詩類苑》；馮惟訥（1513－1572）有《古詩紀》、《唐詩紀》；臧懋循（？——1621）有《詩所》、《唐詩所》；李攀龍（1514－1570），後七子領袖，有《古今詩刪》之作，只取古、唐詩與明詩，全不取宋、元詩。其後萬歷朝的鍾惺（1574－1624）、譚元春雖然不崇七子，但選編歷代詩作，也只取古詩與唐詩，而不及宋、元詩，所以只有《古詩歸》、《唐詩歸》之作。崇禎朝之陸時雍（生卒年不詳）有《古詩鏡》、《唐詩鏡》。

近幾年來，我較爲注意各種明詩選集，並爲這些選集作「提要」，結果發覺這類選集的數目，比預想的還要多，共百餘種。從這些選集之中，我們不但可以了解選者對待選集的認眞態度、不同選集所反映的選者的不同詩觀、他們選詩的不同標準以及有些選者對於明詩整個發展的意見。明詩選集已是如此。唐詩選集、宋詩選集的數目尤多，從這些選集中，更可以發覺選者的種種觀點、種種意見。

⑵選集所包含與反映的選者的文學見解，宜通過更仔細地閱

讀及採用各種有效的方法整理與分析。

上面提及，選集雖說包含與反映了選者對有關詩文作者與作品的看法與評價以及選者對整個詩文發展的意見與批評，然而，如果不仔細地閱讀與採用有效的方法整理與分析，實難取得預期的效果。

由詩文選集選錄詩文作者與作品數量的統計與比較，是探測選者的詩文觀點與對有關詩文作者與作品評價的一個方法。例如從錢謙益《列朝詩集》選詩數量的統計，得知他選詩最多的五名詩人爲：1. 高啓（1316 – 1374），864 首；2. 劉基（1311 – 1375），559 首；3. 李東陽（1447 – 1516），347 首；4. 楊基（1326 – 1378?），327 首；5. 袁凱（生卒年不詳），304 首。參之《列朝詩集》中之詩人小傳，錢氏亦大力贊揚上述之詩人。如引王子充之言贊美高啓之作云：

> 「季迪之詩，雋逸而清麗，如清空飛隼，盤旋百折，招之不肯下；又如碧水芙蕖，不假雕飾，脩然塵外。」⑱

又引李東陽之言云：

> 「國初稱高、楊、張、徐。高才力聲調，過三人遠甚。百餘年來，亦未有見有過之者。」⑲

贊劉基之作云：

> 「（劉基）爲詩，悲窮嘆老；咨嗟幽憂。昔年飛揚硉矹之氣，澌然無有存者。豈古之大人志士，義心志調，有非尋常竹帛可以測量其淺深者乎？嗚呼！其可感也。」⑳

他若贊揚李東陽、楊基、袁凱，亦給予高度之評價。

沈德潛《明詩別裁》選錄詩篇最多的前五名詩人爲：1.何景明（1483 – 1521），49 首；2.李夢陽（1472 – 1539），47 首；3.王世貞（1526 – 1590），40 首；4.李攀龍（1514 – 1570），35 首；

5.謝榛（1495－1575），26首。沈氏《明詩別裁序》評明詩各時期之詩人云：

「宋詩近腐，元詩近纖，明詩其復古也。而二百七十餘年中，又有升降盛衰之別。嘗取有明一代詩論之。洪武之初，劉伯溫之高格，並以高季迪、袁景文諸人，各逞才情，連轅並軫，然猶存元紀之餘風，未極隆時之正軌。永樂以還，體崇臺閣，骫骳不振。弘、正之間，獻吉、仲默，力追雅音；庭實、昌谷，左右驂靳，古風未墜。餘如楊用修之才華，薛君采之雅正，高子業之沖淡，俱稱斐然；于鱗、元美、益以茂秦，接踵曩哲，雖其間規格有餘，未能變化，識者咎其鮮自得其趣焉。然去取菁英，彬彬乎大雅之章也。自是而後，正聲漸遠，繁響競作。」㉑

因此，特別推重「力追雅音」的何景明與李夢陽和能「接踵曩哲」的李攀龍、王世貞與謝榛了。受錢謙益力贊的劉基與高啓，因其作「猶存元紀之餘風」，所以居於何、李、王、李、謝之下。相反地，錢謙益詆譏七子，對七子中之代表作者李夢陽、何景明、王世貞及李攀龍評擊尤烈。如斥李夢陽的詩文及有關詩文論之主張，爲模擬剽賊，爲嬰兒學語，爲桐子洛誦，斷絕天下讀書種子；㉒譏刺何景明的詩說，使後代謬學泛濫，令後生面目偭背，不知向方；㉓評李攀龍僻學自師，封古爲是，並揭發其詩作之種種缺點；㉔不滿王世貞早年與李攀龍互相推挽。㉕所以選四人詩，分別爲：何景明，102首；李夢陽，50首；王世貞，70首；李攀龍，25首，與劉基、高啓受選之詩數，恰成鮮明的對照。

我也曾就幾部詩選進行個案的分析，更感到選錄作者與作品數量的統計與比較，確實有助於探測選者的詩觀與對有關詩人與詩作的評價。如李攀龍說:「文自西京以下,詩自天寶以下,皆不足觀。」所以在《古今詩刪》的唐詩部分,選詩最多的八位詩人中,盛唐詩人就占了七位:杜甫、李白、王維、高適、岑參、王昌齡、韋應物;另一位是初唐詩人沈佺期。更值得注意的是,在所選的742首唐詩中,這七位唐詩人的作品,就占了325首,將近一半。而對唐代七古,李氏推崇杜甫,認爲其作品「不失初唐氣格而縱横有之」,對李白七言之作,則有微辭,認爲「往往強弩之末,間雜長語,英雄欺人耳」。於近體,七言律稱贊王維、李頎,而認爲杜甫的這類作品,「篇什雖衆,憒焉自放矣」。於五言絕句,則嘉許李白的作品,「實唐三百年一人,實以不用意得之」。揆之選詩數目,情況也是如此。在七言古詩中,選杜甫這體詩章最多,共21首。由於對李白七古不表好感,因此只取他的作品8篇而已。而七言律詩方面,也選王維的這體詩章最多,共11首,李頎7首,僅次於李白的13首而已。而王維的11首和李頎的7首,是他們各體詩中受選最多的。相反的,由於對杜甫七律不表好感,因此也只取一首而已。李氏盛贊李白的五七言絕句,所以在七言絕句中,選李白詩18首,僅次於王昌齡的19首;在五言絕句中,選李白5首,僅次於王維和韋應物的6首㉖就總篇數來說,李氏選杜甫最多,共82首,其次李白,70首,王昌齡第三,40首。多選杜甫的作品,也和前後七子盛贊杜甫的見解相合。㉗而分析王夫之的詩評選集,不但可以了解到他對初唐詩人與盛唐詩人的高度推崇,而不滿意中、晚唐詩作,了解到在芸芸衆多的唐代詩作者中,他所欣賞的詩人與詩作,了解到他對所推崇的詩人所寫的不同詩體的不同評價,同時也讓我解決了一個在《薑齋詩話》與《詩廣傳》所發覺到而不能解決的問題:有時高度稱贊杜詩,有時卻又極度貶低杜詩。而關鍵所在,即在他所稱贊的是杜甫入夔以前的詩作，而不滿意入夔以後的作品，這都充分顯示在他的《唐詩評選》的選詩數字中。㉘而從王氏的《明詩評選》，不但讓我們了解到他對明代詩歌的發展有「三變」的看法，而在整個明代詩歌發展的長河中，他又是如何贊賞前期的高啓、劉基、楊愼、楊維楨的作品，以及稍後蘇州文壇的徐渭與祝允明等人之作，他對「三變」的主要人物，甚爲贊揚公安的三袁，極爲貶斥竟陵的鍾惺與譚元春，其中對鍾惺，更是施予無情的筆伐。他也非常不滿前後七子，但對前後七子的領袖人物何景明、李夢陽、王世貞、李攀龍四者之間，亦有不同看法。批評李夢陽詩不能具六義之旨，才能在公安之下；㉙批評何景明詩風莽撞，爲「渾」一字所誤，才品在李夢陽、李攀龍、王世貞之下；㉚批評李攀龍時，時有贊許之語，但仍惋惜他的詩風粗豪淺率；㉛對於王世貞，雖以其詩作還不至掉落囂豪咆哮的泥坑，可是詩品卑弱，欠缺思致，而且只是著重於局面的形式鋪排。㉜因此選四人詩的情況是：李夢陽，8首；李攀龍，6首；而何景明與王世貞，各1首。㉝

通過選集選錄的詩篇，與選者如何選詩的觀察與分析，也可了解選者的詩文觀點。

選者在删汰或錄取詩文作品時，抉擇的態度是非常的認眞的。他們承認選汰作品是一項艱難的工作，鄒迪光序華淑（1589－1643）的《盛明百家詩選》就詳細說明這一點：

「爲詩非難，選難。選詩非難，選今人詩難。蓋有去取，則有愛憎，取未必愛而去無不憎，任愛寡而任憎多，難也。雕蟲名高而刷青未出，帳中之秘，無由覓之，難也。能詩者未必眞能詩者，吾以名取而人以實求，實不如名，不以爲阿則以爲瞽，難也。載贄而求紹介，以請冀一廁而名其間，而許之不可，不可不能，難也。肆口嘲譏，解忌抵諱，強而入之，人不作者憾而剟者憾，難也。本名流而或嫻無韻，不嫻有韻，因無韻而及有韻，即識者以爲然，而於吾心不然，信人不自信，難也。海人詞人夥矣，不宜一失，而況百漏，即千手千足，歷殊域而網羅之，虞窮年皓首之不逮，難之難者也。若其識虧罔象，見局離黃，昧雌雄之神鍔，忽山水之絕調，不能詩而論詩，斯之爲難，又所勿論矣。」㉞

因此，當選錄作品時，編選者非常地小心。如《皇明詩選》的編者不滿李夢陽的近體詩，所以在錄取李氏的這類詩作，編者之一的李雯就曾表示：「我輩去取之際，極有甄汰。今之所錄，皆見其英分者也。」㉟另一編者宋徵輿亦云：「獻吉七言絕，擬少陵者甚多，以不成章盡刪去，今存者乃可觀。」㊱沈德潛《明詩別裁》也嘗提及他甄選明代一些詩人的作品，是經過精細思考，嚴加淘汰的。曾言其處理高啓之作云：「侍郎詩，上自漢魏盛唐，下至宋元諸家，靡不出入其間，一時推大作手。特才調有餘，蹊徑未化，故一變元風，未能直追大雅。集中所存，皆最上者。」㊲言其處理戴冠（1442－1512）之作云：「南枝《釣臺詩》，多至千餘章，皆潦倒淺率，此擇其尤雅者。首尾渾成，精神滿腹，可以傳世。」㊳言其處理杜浚（1610－1686）之作云：「茶村長篇頗近頹唐，又聞燈船鼓吹歌，以此得名，其實頹唐之尤者也。茲錄其整頓有骨格者。」㊴所以從沈德潛《國朝詩別裁》之不取王次回的詩，可以察知他論詩主應關於人倫日用的詩觀；不取青樓婦女的詩，也可察覺他講求名教道德的意識。㊵從王夫之不取情緒憤昂的杜甫詩作《北征》等，和叙事直率的《古詩爲焦仲卿妻作》，也可察覺他的要求詩情和緩，風格飄逸，詩味悠長的詩觀。

如何選詩也和選者的詩文觀點有密切的關係。如杜甫之《秋興八首》。鍾惺以爲杜氏寫秋興而至八首，乃偶然如此，因此八首是可以獨立分開存在的，所以《唐詩歸》選《秋興》，只取「昆明池水漢時功」一首。㊶顏廷榘《杜律意箋》以八首除與秋有關係之外，可以各自獨立成章。㊷盧德水以八首中之第三首與第五首，是杜詩敗筆，刪去此兩首可使《秋興》之價值提高。㊸王嗣奭《杜臆》則以八首中第一首爲起興，後七首皆抒發詩人之感觸。或者承上，或者啓下，或互相引證，或互相和應，拆去一章不得，單選一章亦不得。㊹金聖嘆亦以杜詩一題數首的，自有其起承轉合的結構，恰似一篇文章，因此不主張刪去其中的任何一首來析解。他分析《秋興八首》，就基於上述的理念。㊺徐增《而庵說唐詩》析《秋興八首》的態度與原則，也是如此。因此，從上述的選者如何選詩，可見及他們的詩觀。

⑶選集中的箋註批點的文字；是選者或選集讀者的具體批評實踐，是文學批評者最實際的批評運作，應視爲中國文學批評重要的另一環節。

有人選詩時或在選詩後，或在讀他人編選的選集時，常就選集中之作品予以箋註。有些箋注作品，偏重於分析原作的時代背景、題旨、典故和字句，如錢謙益的《箋注杜工部詩》；有些不受原作的字句所拘限，能夠進而就閱詩的感受，來揣摩詩人作詩時的心境、用字的方式和組句的格法，並發揮自己的賞析，如浦起龍（1679－？）的《讀杜心解》；有些箋註者進而大談詩的原理，援引他人的評語作爲佐證；或引用這些評語再益以自己的批評，如仇兆鰲的《杜少陵集詳註》。

古人讀書，習慣上常隨讀隨批隨點。心中有所感觸，就將他們的體會，寫在集中作品頁的「天頭」（闌上），這是眉批，或寫於句旁，是爲「旁批」，或註明於篇末，是爲「尾批」，或表明於題下，是爲「題下注」。批者多數針對詩句提出批評，評語少則一字，多至數百字。批語中，有些是獨抒己見，有些是援引他人的文字，以替代自己的批評。有時，批者不願明言，就用圈點表示。凡覺得詩的文字或句子奇警，心擬贊美，又想使它更爲注目，就在有關文字或詩句旁加圈點。不論是箋註或批點的作品，常具豐富的詩文評論內涵。王夫之固有《薑齋詩話》之作，但是他對歷代詩人詩作的具體批評，卻更多是呈現於他的選集《古詩評選》、《唐詩評選》、《明詩評選》的批語之中。要了解金聖嘆與徐增的分解數及起承轉合法論析詩歌的詳細情形，單是靠金氏的書信、序跋或是徐增的《而庵詩話》是絕對不夠的，而必須進入他們《貫華堂選批唐才子詩》《金聖嘆》與《而庵說唐詩》（徐增）中的批語詳加論析。

至於選集中的詩人文人小傳，有些選者只簡錄其字號、年里、官爵、著作、固有參考價值，但文學批評的意義不大。但是，有些小傳，在表明有關詩人文人之字號、年齡、官爵、著作之外，更進而批評作者之爲人，著作之特色，甚而說明他們的師友交遊以及對當時文壇的影響，這些就是文學評論研究的重要資料了。如卓爾堪《明遺民詩》的屈大均小傳云：「（屈氏）字翁山，廣東番禺人。文學。爲屈原後代。少丁喪亂，長而遠遊。其所跋涉者，秦、趙、燕、代之區；其所目擊者，宮闕陵寢、邊塞營壘廢興之跡，故其詩多悲傷慷慨。」㊻即具體呈現屈氏的「詩文窮而後工」與「江山之助」的詩文觀。錢澄之小傳云：「（錢澄之）原名秉鐙，字飲光。桐城人。……公以夙負盛名之士，慷慨好持正論，與鄉人迕。及其得志，修報復，亡命走浙、閩。又自閩入粵，崎嶇絕徼。數從鋒鏑，支持名義，所至輒有可紀。」㊼

也呈現他的強調作者的氣節人品的精神。

以上所述，多與拙文《詩選之詩論價值》有重複之處，但旨在強調選集的文學價值，因此不憚重述。

## 三

然而，中國文學批評史的著作，卻忽略選集之研究與分析。在拙書《中國文學評論史編寫問題論析》中曾指出：

> 「……每一部中國文學批評史的著作，都提及鍾惺、譚元春的「竟陵派」，對於代表他們詩觀的《詩歸》，郭紹虞只表示深切地了解到鍾、譚選此書的原因及它對於當時詩風所產生的影響，但沒有予以進一步的分析。朱東潤、復旦大學中文系古典文學教研組、敏澤等都有論及此書，但只就《詩歸序》進行分析，不曾進一步分析其批文。黃海章及其批文，以之作爲反對鍾、譚的論據，而不是就中發掘其詩觀。……又如談王夫之的詩觀，多數論著只談及他的《薑齋詩話》，而不及他的各種評選。郭紹虞、朱東潤、黃海章、周勛初等人的著作都是如此；陳子龍等爲首的雲間詩派，尊奉七子，在明末清初的詩論界，別開生面。郭紹虞、黃海章、周勛初等都沒提及陳子龍；朱東潤、復旦大學中文系古典文學教研組提及陳子龍，後者甚至闢設一節專論，實爲難得，但都是利用書信、序跋之資料，而不及陳氏與宋徵輿、李雯合選並加批點的《皇明詩選》。朱彝尊《明詩綜》，乃正錢謙益的《列朝詩集》而作，影響清代詩論不小，但是多數文學批評史論著多不提及朱彝尊。朱東潤在批評鍾惺、譚元春的詩論時，曾經引用至《明詩綜》的評語，可是，在介紹朱氏的詩觀時，只曾提起這部

> 選集的名稱，而不作任何進一步的分析。這些著作，有談及金人瑞者，也只析其《西廂記》、《水滸傳》的批文，而不談他的《唐才子詩》與《杜詩批》；介紹沈德潛時，多只強調他的序跋、書信文字及其詩話《說詩晬語》，而少言及他的各種別裁；至於《杜詩評鈔》，更不見論者提起。」㊽

所說的還是以晚明至盛清的詩論情況來說明中國文學批評著作存在的問題。如果從更大的方面來說，《詩經》是中國第一部詩歌選集。歷代箋註論析《詩經》的作品甚多。㊾漢鄭玄是如何箋註詩章，唐孔穎達《毛詩正義》又是如何賞析其中的篇章，朱熹《詩集傳》、清姚際恆的《詩經通論》、方玉潤的《詩經原始》等等的意見又是如何？在在都可以當作個案研的資料，各家重要的看法和他們見解中承傳之都可以列入中國文學批評史的範圍，因爲詩經學本就是中國文學批評史不可或缺的一環。

杜詩學也是如此。唐、宋人對杜詩有不同的看法，而從五代以來，選者亦致力於杜詩的編選，也爲杜詩進行不少箋註批點的工作。明代杜詩的箋註批點，其風甚盛，到了清代，更是達到一個高峰。錢謙益是開啓清代杜詩學的前驅，而明王嗣奭的《杜臆》、清仇兆鰲的《杜少陵集詳註》、浦起龍的《讀杜心解》、楊倫的《杜詩鏡銓》，等等，也全是杜詩學的重要著作，其中包含了不少對杜詩的精闢意見。文學批評史的作者，有些只了解到錢謙益杜詩學的重要性，或者就詩話、書信、序跋論析了一些詩文論者對杜詩的見解，可是對爲數衆多的箋註批點杜詩的作品，卻不見提及。

簡錦松《明代文學批評研究》曾批評郭紹虞《中國文學批評史》使用文集的缺點時說：

> 「其一，爲偏重於家數，而所擇家數有限；其二，爲論一家時，僅以一家文集爲證，而未能參證同時代之其他文集。」㊿

我認爲偏重家數，不但是郭氏著作的缺點，也是其他文學批評史著作的缺點，同時這缺點，不止於使用文集方面而已，而是關聯到整個文學批評史的架構的問題。我不否定每一時期都有主要的文學評論者，文學批評史應當突出這些主要的評論者並詳加論析。可是，文學批評史絕對不是文學評論者的歷史，不能只是集中於幾位既定的文學評論者的分析，而應該能結合有關時期、有關評論者的背景（社會背景、思想背景、文壇背景、文學背景）突出當時文學的思潮、文學界所關心的一般問題，並且說明當時的文學思想與對所關心的問題，以及所提出的看法的前後的承傳關係。

簡君評郭氏論一家時，僅以一家文集爲證，而未能參證同時代之其他文集。我同意簡君的看法。不過，如從另一角度看，文學批評史所存在的問題，更在於他們在論一家時，僅以一家之文集中之序跋、書信、詩話爲證，而不能廣泛地參閱其他如選集、箋註批點作品等等的著作，以至造成析論之不足與偏差。有關這一點，前文已多論及，這裡不擬詳述。

在中國文學批評的領域中，許多資料還有待發掘與論析。研究者應加強那些尚未發掘與論析的著作的個案研究工作，唯有在這些研究工作完成的基礎上，我們才能比較全面地認識一個時期的文學批評史。而在比較全面地認識到各個時期的文學批評史的基礎上，我們才能比較全面與深入地整理與編寫出較好的中國文學批評史。因此在目前這個階段，著重於文學評論者、文學評論作品、歷代文學評論者所關心的文學上的中心問題的個案研究以及整理斷代的文學批評史，是比撰寫通代的中國文學批評史要來得更有意義，更爲重要。

【註　釋】

①文載於《中外文學》第10卷第5期（1981年10月），頁36－37。

②見《中國古典文學批評論集》（香港：三聯書店，1987年），頁74－108

③書由台北文史哲出版社於1988年出版。

④書由台北學生書局於1988年出版。

⑤同上，頁5。

⑥同上，頁5－6。

⑦同上，頁9－10。

⑧同③，頁303。

⑨《四庫全書總目提要》（台北：藝文印書館，1969年），186，頁1。

⑩詳該書《凡例》，頁1。

⑪見沈氏《明詩別裁序》，《明詩別裁》，《國學基本叢書》（上海：商務印書館，1933年）

⑫見王瑤《中國文學批評與總集》，載其《關於中國古典文學問題》（上海：古典文學出版社，1969年），頁46－47

⑬如「文徵明甫田集提要」、「王愼中遵嚴集提要」、「邱雲霄南行集、東遊集、北觀集、山中集提要」、「尹台洞麓堂集提要」、「黎民表瑤石山人稿提要」等，見《四庫全書總目提要》，172卷。又「朱應登凌轄集提要」、「程誥霞城集提要」、「韓邦靖玉泉集提要」等，見該書176卷。

⑭見《四庫全書總目提要》，190卷，頁26－27。

⑮見該書凡例。

⑯《湖海詩傳》取康熙五十一年至嘉慶年間之詩作，見王昶《湖海詩傳序》，《湖海詩集》（上海：商務印書館，1958年），頁1。

⑰見李慈銘《越縵堂讀書記》(上海：商務印書館，1959年)，頁623。

⑱《列朝詩集小傳》(北京：中華書局，1959年) 甲集，頁75。

⑲《列朝詩集小傳》(北京：中華書局，1959年) 甲集，頁75。

⑳同上書，甲前集，頁13。

㉑見沈氏《明詩別裁序》，《明詩別裁》，《國學基本叢書》(上海：商務印書館，1933年)

㉒同上書，丙集，頁311－312。

㉓同上書，313頁。

㉔同上書，丁集上，頁428－430。

㉕同上書，頁436。

㉖關於李攀龍評杜甫、李白、王維、李頎等人詩作語，見氏作《選唐詩序》，《滄溟先生集》(明徐中行重刊本，藏台北中央圖書館)。

㉗詳見拙文《李攀龍及其〈古今詩刪〉研究》，原刊於台灣大學《中外文學》，第九卷第九期 (1981年)。後收於拙書《中國古典文學批評論集》中 (香港：三聯書店，1987年)，頁109－126。

㉘詳見拙文《王夫之評選唐代詩人與詩作：〈唐詩評選〉研究》，載《中華文化過去、現在與未來── 中華書局八十周年論文集》(新加坡：中華書局，1992年)，頁130－155。

㉙王夫之評李夢陽《贈青石子》一詩語，見《明詩評選》，《船山全書》(上海：太平洋書店排印本，1933年)，4卷，頁30。

㉚王夫之評何景明《太祀》一詩語。同上，5卷。頁19。

㉛王夫之評李攀龍《寄許殿卿》一詩語，同上，5卷，頁34。

㉜王夫之評王世貞《閨恨》一詩語，同上，7卷，頁6。

㉝詳見拙文《王夫之〈明詩評選〉研究》，載新加坡國立大學中文系《學叢》第2期。

㉞華淑編《盛明百家詩選》(台灣中央圖書館藏明末刊本)。

㉟見《皇明詩選》(台灣中央圖書館藏明崇禎癸未李雯等會稽刊本)，1卷，頁2。

㊱同上書，13卷，頁4。

㊲《明詩別裁》，1卷，頁10。

㊳同上書，12卷，頁112。

㊴同上書，12卷，頁110。

㊵《國朝詩別裁》(香港：商務印書館，1961年)，凡例，頁2－3。

㊶《唐詩歸》(台灣中央圖書館藏明刊本)，22卷，頁7。

㊷《杜律意箋》(台北中央圖書館明末顏堯揵刊本)，頁22－30。

㊸《尊水圖集略》(台灣中央研究院傅斯年圖書館藏清順治間見賓堂刊本)，6卷，頁28。

㊹《杜臆》(北京：中華書局，1963年)，8卷，頁277。

㊺《唱經堂杜詩解》，《金聖嘆全集》(江蘇：江蘇古籍出版社，1985年)，第41冊，頁655－671。

㊻《明遺民詩》，卷7，頁255。

㊼同上書，卷，頁135。

㊽《中國文學評論史編寫問題論析》，頁303－304。

㊾《四庫全書總目》所著錄《詩經》箋註作品，有62部941卷，另存目84部913卷。

㊿同註④，頁7。

# 王夫之評選唐代詩人與詩作:《唐詩評選》研究

## (一)

王夫之,湖南衡陽人,生於明萬歷四十七年(1619),卒於淸康熙三十一年(1692),享年七十有四。依周調陽《王船山著述考略》統計,共有著作九十五種,其中十五種有目無書,可見的有八十種。①八十種著作中,與論詩評詩有關的,有《詩廣傳》、《夕堂永日緖論內編》、《詩繹》、《南窗詩話》等數種,另有選評詩人詩作的著作,爲《古詩評選》、《唐詩評選》、《明詩評選》、《宋詩評選》等數種。其中《宋詩評選》已佚,現存的有《古詩評選》、《唐詩評選》、《明詩評選》等三種而已。

《古詩評選》六卷,亦稱《夕堂永日八代詩選》。周調陽的《王船山著述考略》作七卷,誤。②《唐詩評選》四卷,亦作《夕堂永日唐詩選評》。《明詩評選》,亦作《夕堂永日明詩選評》。三書面市極遲,王敔《薑齋公行述》提及王氏的著作時,不曾提到這三部作品.辛亥革命前的各種《船山遺書》或船山著作刻本,例如王敔刊本,衡陽學署本,湘潭王氏本,金陵刻本,等等,都不曾輯有此集。鄧顯鶴(1777-1847)《船山著作目錄》有《夕堂永日八代詩選》、《唐詩選評》之目,但於目下,俱署未見。③辛亥革命前後上海劉人熙才收到王氏的各種詩評選集,幷排印成書。1933年,上海太平洋書店乃輯之於其所出版的《船山全集》之中，以廣流傳。一方面由於這三種作品成集出版較遲，另一方由於中國文學研究者多忽略文學選集的研究，所以直到現在，還沒有一篇專文或是一部專著全面地分析這幾種詩選。

王夫之的這三部詩選，以文體分卷。各卷之中，詩人與詩作的排列，基本上是以世次的先後爲序。各詩之后，有選者的評語。與很多詩選不同的是，這些評語全是王夫之本人的文字，不象一些詩選，多錄前人的文字或意見。更重要的是，王夫之在這些評語中所反映的看法，意識極其鮮明，充分表露了他對詩人詩作的見解。

我在《詩選的詩論價值：中國文學評論研究的另一個方向》④一文中曾經指出選詩的數目往往反映了詩選者的詩觀，并且根據統計數字證明了我的看法。在本文中，我也會運用有關的資料，同時依據上述的方法，來分析王氏的唐詩選集《唐詩評選》。

在選集中各詩篇之後的王氏的評語，也是重要的分析資料。將這些資料和王氏的選詩數目相比，互相輔證，可以更明顯的看到王氏對唐代詩人與詩作的見解。

## ㈡

明代前後七子繼承宋嚴羽《滄浪詩話》主唐詩非宋詩的看法，極意法唐非宋。李夢陽（1472－1529）《缶音序》云：

> 「詩至唐，古調亡矣，然自有唐調可咏，高者猶足被管弦。宋人主理而不主調，於是唐調亦亡。」⑤

因此曾云：「不讀唐以后書。」何景明（1483－1521）亦云：

> 「秦無經，漢無騷，唐無賦，宋無詩。」⑥

并說：「宋人書不必收，宋人詩不必讀。」這種論調在明代引起極大的反響。羽翼七子的如胡應麟，就曾詩的歷史發展，肯定詩盛

於漢，極於唐，而衰頹於宋、元。《詩藪》云:

「聲詩之道，始於周，盛於漢，極於唐，宋、元繼唐之後，啓明之先，宇宙之一終乎?盛極而衰，理勢必至。」⑦

幷批評宋詩之不具性情。同書云:

「近體至宋，性情泯矣。」⑧

也抨擊宋詩之最易誤人云:

「宋人詩最善入人，而最善誤人，故習詩之士，目中無得容易著宋人一字，此不易之論也。」⑨

因此詩論界盛贊唐詩而貶斥宋詩之言論甚多，直至淸代，依然不衰。如明屠隆（1592－1605）以唐詩婉壯，宋詩全無特色，詩道消亡。淸施閏章以唐人得詩家三昧，宋人入議論，離詩道愈遠。毛奇齡（1623－1713）亦力主唐詩，力詆宋詩。⑪錢泳則以花之盛謝，來比喻唐、宋詩，以詩盛開於唐代，而消謝於宋、元。⑫沈德潛（1673－1769）亦以詩發展至唐，詩體大備，而宋、元詩流於華靡。⑬吳喬以唐詩佳在惟適詩人之意，而不索人知其意，亦不索人之說好，可是宋人詩，卻欲人知其意，故多直達，所以他說:「唐人詩道自此絕矣。」⑭

於是我們不僅看到主唐非宋的論調充斥詩壇，甚而在詩選方面，我們也看到許多選集只取古詩、唐詩，而不取宋詩現象的出現，如張之象（1498－1577）有《古詩類苑》、《唐詩類苑》，馮惟訥（1513－1572）有《古詩紀》、《唐詩紀》，臧懋循（?－1621）有《詩所》、《唐詩所》，李攀龍（1514－1570）有《古今詩刪》，鍾惺（1574－1624）、譚友夏有《古詩歸》、《唐詩歸》，陸時雍有《古詩鏡》、《唐詩鏡》，王堯衢有《古唐詩合解》，等等。另一方面，唐詩選集也大量涌現，如施端敎（1603－1674）有《唐詩韵匯》，毛晉（1598－1659）有《唐人八家詩》、《唐三高僧詩》，等等，胡渭（1633－1714）有《唐詩玉淵》、《唐詩表微》、《唐詩麗則》，王士禎（1634－1711）有《唐賢三昧集》、《十種唐詩選》、《唐人萬首絕句》等，席啓寓（1650－1702）有《唐詩百名家集》，高士奇（1645－1704）有《唐詩棪藻》，沈炳震（1678－1737）有《唐詩金粉》，李因培（1717－1767）有《唐詩觀瀾集》，沈德潛有《唐詩別裁集》，等等。

王夫之的《唐詩評選》也是其中的一種。

## (三)

《唐詩評選》四卷，卷次依序爲：卷一，樂府歌行；卷二，五言古詩；卷三，五言律詩；卷四，七言律詩。卷三之五言律詩后附有五言排律。所選各種唐人詩人詩作如下表：

| 詩體 | 樂府歌行 | 五言古詩 | 五言律詩 | 五　排 | 七言律詩 | 共　計 |
|---|---|---|---|---|---|---|
| 詩數 | 74 | 106 | 148 | 36 | 193 | 557 |
| 詩人 | 27 | 34 | 65 | 22 | 74 | 147 |

以上詩人之統計總數 147 人，乃扣除各體中重復的詩人而得；換句話說，《唐詩評選》共選詩人 147 人，詩 557 首。選詩最多的前十名詩人爲：

| | | | |
|---|---|---|---|
| 1.杜　甫 | 91 首 | 6.李商隱 | 15 首 |
| 2.李　白 | 43 首 | 7.沈佺期 | 14 首 |
| 3.王　維 | 25 首 | 8.杜審言 | 12 首 |
| 4.韋應物 | 18 首 | 9.王　建 | 12 首 |
| 5.岑　參 | 18 首 | 10.宋之問 | 11 首 |

在這十人中，屬於初唐的有 3 人，屬於盛唐的有 4 人，屬於中唐的有 2 人，屬於晚唐的有 1 人。十人中，初唐占有 3 人，這比例是相當大的，因爲初唐的詩人人數相對來說并不多。事實上王夫

之在詩評中，給予初唐詩作的評價也很高。如評沈佺期（656－714）《雜詩》云：

「五六分承，三四順下，得之康樂，何開闔承轉之有？結語平甚，故或謂之懈。然寧懈勿淫。初唐人家法不紊，乃以持數百年之窮。「（《唐詩評選》，下同，卷三，頁六）

評王勃（649－676）《郊興》亦云：

「大體清安，寫生深潤，自初唐絕技。後人但從高、岑起，且不知此，況望企及。」（卷三，頁三）

并常常取初唐之作與盛唐以後的詩作比較，以突出初唐詩之成就。如評王績（？－644）《北山》云：

「六代人作七言，於末二句輒以五言足之，實唐律詩之祖，蓋歌行之變體也。對仗起束，固自精貼，聲韵亦務諧和，乃神韵駿發，則固可歌可行，或可入樂府，如此首前四句，句裏句外，俱有引曳騫飛之勢，不似盛唐人促促作轅下駒也。故七言律詩亦當以此爲祖，乃得不墮李頎、許渾一派惡詩中。嗚呼！知古詩歌行近體之相爲一貫者，大歷以還七百餘年，其人邈絕。何怪四始六義之不日趨於陋也。」（卷一，頁一）

又評蔡孚《打球篇》「逐臣北地承嚴譴」一首云：

「初唐人於七言，不昧宗旨，無復以歌行近體爲別；大歷以降，畫地爲牢，有近體而無七言，縶威鳳使司晨，亦可哀已！」（卷一，頁四）

因此，唐代詩人作品有傑出成就的，王氏曾以具有初唐之風之贊語給予形容與贊。如評李商隱（815－858）《寫意》云：

「一結初唐。」（卷四，頁二七）

評鮑防《人日陪宣州範中丞傳正與范侍御傳眞宴東峰寺》云：

「明艷叩初唐之壘，大歷後第一首七言律。」（卷四，頁十七）

所以他自然反對人們以「衰」來稱述初唐詩。評崔液《踏歌詞》云：

「在唐人艷詩中，已極深厚。足知初唐、六代，非張籍、孟郊一黨昌黎下客，所得以衰字目之。（卷二，頁一）」

王氏選唐詩最多的前十名詩人中，盛唐雖占了4位，但與這時期芸芸衆多的詩人相比較，這數字是顯得太少了。而從他對唐代詩人的批評來看，他對盛唐的詩人，只是推重其中的數位吧了，一般上說，評價是不高的。評丁仙芝《渡揚子江》云：

「五言之餘氣，始有近體，更從而立之繩墨，割生爲死，則蘇、李、陶、謝，劇遭劓割，其壞極於大歷，而開、天之末，李頎、常建、王昌齡諸人，或矯厲爲敎辟之音，或殘裂爲巫鬼之詞，已早破壞濱盡，乃與拾句撮字相似，其時之不昧宗風者，唯右丞、供奉、拾遺，存元音於圮墜之餘，儲、孟、高、岑，已隨蜃蛤而化，況其餘乎？故五言之衰，實於盛唐而成不可挽之勢，後人顧以之爲典型，取法於涼，其流何極哉！」（卷三，頁十五）

評劉長卿（760－780）《宿懷仁由南湖寄東海荀處士》云：

「五言風味，凋於盛唐，至大歷盡矣。」（卷二，頁十七）

評王勃《對酒春園作》云：

「韵足意淨，盛唐人加以叱咤，大損風味。」（卷三，頁三）

一般地說，王氏明顯地以初唐詩比盛唐詩高，盛唐初期的詩又比盛唐後期的詩高。此可由下列二則詩評見及。評岑參（714－770）《送郭僕射節制劍南》云：

「開、天以降作排律者，每中鬆一步作郎當語，如病腰人

首足彌見其重，此能通首緊練，雖較景雲以前局重安雅者，爲降一格，而神情道王歸於成章者，一也。」（卷三，頁三五）

評李白（701－762）《太原早秋》言及李氏之詩作云:

「其本色詩，則自在景雲、神龍之上，非天寶諸公可至。」（卷三，頁十六至十七）

因此，他規勸後人應善於擇取盛唐詩作而學習，而取法。評王維（699－759）《觀獵》云:

「右丞妙手，能使在遠者近，摶虛作實，則心自旁靈，形自當位。苟非其人，荒遠幻誕，將有如一一鶴聲飛上天，而自詫爲靈通者，風雅掃地矣。是取徑盛唐者節宣之度，不可不知也。」（卷三，頁十一）

基於唐詩愈流愈下的見解，王夫之極力批評盛唐以後或開、天以下的作品。評杜審言《春日江津游望》云:

「排律之制，後人爲之名爾。其始則亦五言古之相爲對仗者也。晉、宋以降，大有斯體。其差異者，唯以音節初終條理，固不容乖异也。陰鏗、何遜，思理不逮昔人，故五言長篇，動有折合，乃要其泛濫不過一再而止。既已命意成章，則求盡一物、一景、一情、一事之旨，得盡而畢。若倏此旋彼，生起無根，拾掇不以其倫，流漾不赴其曲，則形者愈充，神者久喪。盛唐以後，失其宗旨，以排爲律，引律使排，於是日非當日，人非當人，物非當物，意非當意，雜俎新陳，倫紀莫辯。」（卷三，頁三十一）

評駱賓王（640－684）《靈隱寺》亦嘲笑開元、天寶以後詩人之作五言排律者云:

「開元、天寶以後，必於夙齡尚遐異下，更入情事，作三

四聯。看他以平遠語收之，龍頭下著不得鼈腰也。」（卷三，頁三十）

所以他會痛責中唐、晚唐詩，也是可以理解的。於評杜牧（803－852）《句溪夏日送盧霈秀才歸王屋山將欲赴舉》時云：

「中唐人盡棄古體，以箋疏尺牘爲詩，六義之流風，凋喪盡矣。」（卷三，頁二七）

評宗楚客《人日登高遇雪應制》時云：

「澹寫生姿，中晚人如此命筆，則枯硬無狀矣！（卷三，頁七）

評張子容《泛永嘉江日暮迴舟》云：

「輕鷗大江清，舟清耶？江清耶？中唐人作此含糊語，便得不通。落韵之難，非其才孰望哉！」（卷三，頁十）

於詩評中，王氏批評大歷時期及其以後的詩人詩作之語更多，如評錢起（722－780）《早下江寧》云：

「大歷諸子，拔本塞源，自矜獨得，誇俊於一句之安，取新於一字之別，得己自雄，不思其反，或掇拾以成章，抑乖離之不恤，故四言之體，喪於大歷，唯知有律，而不知有古；既叛古以成律，還持律以竄古，逸失元聲，爲嗣者之捷徑。有志藝林者，自不容已於三嘆也。」（卷三，頁二三）

評宋之問《至端州驛見杜五審言沈三佺期閻五朝隱王二無競題壁慨然成咏》云：

「初唐人於七言，不昧宗旨，無復以歌行近體爲別。大歷以降，畫地爲牢，有近體而無七言，縶威鳳使司晨，亦可哀已。」（卷一，頁四）

評盧綸（748－800）《長安疾後首秋即事》云：

「綸七言近體極富，乃全入傖父，世所艷稱如東風吹雨者，亦蹇薄。唯此作差爲條達耳。惡詩極壞世人手眼，大歷十才子往往而有。」（卷四，頁十九）

評王建（847－918）《早春午門西望》云：

「中唐詩至王建、劉禹錫、杜牧，一變十才子之陋，眉目乃始可辨。太和以降，唐以小康。大歷、貞元，國幾於亡，音乃亂矣。」（卷四，頁二十）

(四)

《唐詩評選》在所選的147位唐代詩人當中，取杜甫詩最多，有91首；其次，李白，43首；王維第三，25首。

王夫之對於李白的作品，極爲贊揚。或贊賞其詩藝爲絕技。評李氏《古風》「我到巫山渚」一首云：

「三四本情語，而命景正麗。此謂雙行。雙行者，古今文筆之絕技也。」（卷二，頁九）

或以其詩之妙如神龍，不能以常人之認知來測探。評其《古風》「鳳饑不啄粟」一首云：

「此作如神龍，非無首尾，而不可以方體測知，直與步兵弘農并驅天路矣。」（卷二，頁九）

或以其作爲天地所生好句，非人力所可爲。評李詩《子夜吳歌》云：

「前四語，是天壤間生成好句，被太白拾得。」（卷二，頁十）

因此，他甚至高贊李詩可比美《三百篇》與《古詩十九首》。評《上三峽》一詩云：

「落卸皆神，袁淑所云：須捉着，不爾，便飛者，非供奉

不足以當之。眞《三百篇》，眞《十九首》，固非歷下琅琊所知，況竟陵哉！」（卷二，頁十一）

特別是對李白的樂府歌行，王氏的贊語眞可說是無以復加。或喻之爲天才，評《侍從宜春苑奉詔賦龍池柳色初聽新鶯百囀歌》云：

「兩層重敘，供奉於是亦且入時，虧他以光響合成一片，到頭本色。自非天才，固不當效此。」（卷一，頁十）

或喻其作爲天授，評《烏栖曲》云：

「青山句，天授，非人力。」（卷一，頁十）

或賞其善溶史事入詩。如評《登高丘而望遠海》云：

「後人稱杜陵爲詩史，乃不知此九十一字中，有一部開元、天寶本紀在內，俗子非出像則不省，幾欲賣陳壽《三國志》，以雇説書人打匾鼓誇赤壁鏖兵。可悲可笑，大都如此。」（卷一，頁十一）

所以王氏總述其樂府歌行的成就云：

「太白於樂府歌行，不許唐人分半席。」（評李氏《設辟邪伎鼓吹雉子班曲辭》語。卷一，頁十一）

因此王氏乃於《唐詩評選》中，取李白樂府歌行共達 16 首，居各詩人之冠。

王夫之對杜甫（712－770）的詩作，常有貶語。於指出杜詩的缺點時，有時候的語氣也非常的偏激劇烈，這就導致一些研究者得出王氏是排斥杜詩的結論。事實上，這種看法還有商榷的餘地。

從表面上看，王氏確有不少貶責杜詩的言論。這不但見於《唐詩評選》，也見於其他的詩論與詩選的作品中。見於《唐詩評選》的，如評《乾元中寓同谷縣作歌七首》云：

「杜歌行，但以古童謠及無名字人所作《焦仲卿》、《木蘭詩》，與俗筆贋作《蔡琰胡笳詞》爲鵔鸃宗旨，此即是置身失所處。高者爲散聖，孤者爲庵僧，卑者爲野狐。愚意舊欲概置之，以取正則。原其下筆深穩，出腕透脱，且雖閏位，固有流風，與時筆杜撰鵔鸃者逕庭，復爲存此。若其他漫爛不理以趨時會者，正當芟夷柞棫，以昌櫽栝。」(卷一，頁十五)

評《漫成》云:

「杜又有一種門面攤子句，往往取驚俗目，如水流心不竟，雲在意俱遲，裝名理爲腔殼，如致君堯舜上，力使風俗淳，擺忠孝爲局面，皆此老人品心術學問器量大敗闕處，或加以不虞之譽，則紫之奪朱，其來久矣。」(卷三，頁二十)

評其五言排律《千秋節有感》云:

杜於排律，極爲漫爛，使才使氣，大損神理。」(卷三，頁三五)

不過，這并不意味着他是完全排斥杜詩的，相反的，從詩評中，我們更可以看到王氏對杜甫早期作品贊美不已。如評杜詩《廢畦》云:

「樂府咏物詩，唯此爲至。李巨山咏物五言律不下數十首，有脂粉而無顏色，頹唐凝滯，既不足觀。杜一反其弊，全用脱卸，則但有焄蒿凄愴之氣，而已離營魄兩間。生物之妙，正以神形合一，得神於形，而形無非神者，爲人物而異鬼神，若獨有恍惚，則聰明去其耳目矣。……杜陵《苦竹》諸篇，其賢於巨山者，不能以寸，舉一廢一，何足以盡生物於尺素哉?」(卷三，頁二十至二一)

評《初月》詩云：

「就當境一直寫出，而遠近正旁，情無不屆，未嘗不爲清音高節，乃陶、謝風旨，居然未遠。五言之正宗，賴以僅存。如此不愧與青蓮同其光焰。」（卷三，頁二一）

評《春宿左省》云：

「結語亦補上二句出正意，是以完好，非但明煉。前四句皆不寢之景，一字不妄，杜陵早歲詩，固有典型。」（卷三，頁十七）

王氏所不滿的杜作，是杜氏入夔州以後所寫的一些篇章。評杜詩《乾元中寓居同谷縣作歌七首》云：

「夔府詩則尤入俗醜。」（卷一，頁十五）

評《閬水歌》云：

「恬雅，自不與夔州他作爲類。」（同上）

杜甫入夔洲，是在唐代宗大歷元年（766）夏天，《唐詩評選》所收杜詩，作於夔府以前的計有：

**卷一　樂府歌行　共 10 首**

| 詩　篇　稱　名 | 寫　作　年　份 |
|---|---|
| 麗人行 | 天寶十二年（753） |
| 哀王孫 | 天寶十五年（756） |
| 閬水歌 | 廣德二年（764） |
| 乾元中寓居同谷縣作歌七首 | 乾元二年（759） |

**卷二　五言古詩　共 17 首**

| 詩　篇　名　稱 | 寫　作　年　份 |
|---|---|
| 前出塞二首 | 天寶十一年（752） |
| 後出塞二首 | 天寶十四年（755） |
| 新婚別 | 乾元二年（759） |

| | |
|---|---|
| 垂老別 | 同上 |
| 無家別 | 同上 |
| 石壕吏 | 同上 |
| 成都府 | 同上 |
| 贈衛八處士 | 同上 |
| 赤谷 | 同上 |
| 渼陂西南臺 | 天寶十三年（754） |
| 三韵 | 永泰元年（765） |

**卷三　五言律詩　共16首**

| 詩　篇　名　稱 | 寫　作　年　份 |
|---|---|
| 夜宴左氏莊 | 開元二十九年（741） |
| 喜達行在所 | 至德二年（756） |
| 春宿左省 | 乾元元年（758） |
| 晚出左掖 | 同上 |
| 秦州雜詩二首 | 乾元二年（759） |
| 野望 | 同上 |
| 廢畦 | 同上 |
| 初月 | 同上 |
| 夜宿西閣晚呈元二十一曹長 | 同上 |
| 落日 | 上元二年（761） |
| 琴日 | 同上 |
| 倦夜 | 廣德元年（763） |
| 禹廟 | 永泰元年（765） |
| 旅夜書懷 | 同上 |
| 船下夔州郭宿雨濕不得上岸別王十二判官 | 大歷元年（766）春末 |

**卷三(2) 五言排律 共2首**

| 詩 篇 名 稱 | 寫 作 年 份 |
|---|---|
| 重經昭陵 | 至德二年（757） |
| 春歸 | 廣德二年（764） |

**卷四 七言律詩 共20首**

| 詩 篇 名 稱 | 寫 作 年 份 |
|---|---|
| 題張氏隱居 | 開元二十八年（740） |
| 鄭駙馬宴洞中 | 天寶五年（746） |
| 城西陂泛舟 | 天寶十三年（754） |
| 贈田九判官梁丘 | 同上 |
| 送鄭十八虔貶臺州司戶傷其臨老陷賊之故闕爲面別情見乎詩 | 至德二年（757） |
| 和賈至舍人早朝大明宮 | 乾元元年（758） |
| 宣政殿退朝晚出左掖 | 同上 |
| 紫宸殿退朝口號 | 同上 |
| 題省中院壁 | 同上 |
| 曲江陪鄭八丈南史飲 | 同上 |
| 曲江二首 | 同上 |
| 曲江對酒 | 同上 |
| 曲江値雨 | 同上 |
| 九日藍田宴崔氏莊 | 同上 |
| 野老 | 上元元年（760） |
| 野望 | 上元二年（761） |
| 將赴成都草堂途中有作先寄嚴鄭公 | 廣德二年（764） |

| 十二月一日二首 | 永泰元年(765) |
|---|---|

而作於夔州以后的作品,收於《唐詩評選》的有:

**卷一　樂府歌行　共2首**

| 詩 篇 名 稱 | 寫 作 年 份 |
|---|---|
| 短歌行贈王郎司直 | 大歷三年(768) |
| 風雨看舟前落花戲爲新句 | 大歷五年(770) |

**卷二　五言古詩　共2首**

| 詩 篇 名 稱 | 寫 作 年 份 |
|---|---|
| 過津口 | 大歷四年(769) |
| 次晚州 | 同上 |

**卷三(1)　五言律詩　共3首**

| 詩 篇 名 稱 | 寫 作 年 份 |
|---|---|
| 漫成 | 大歷元年(766) |
| 祠南夕望 | 大歷四年(769) |
| 登岳陽樓 | 大歷三年(768) |

**卷三(2)　五言排律　共2首**

| 詩 篇 名 稱 | 寫 作 年 份 |
|---|---|
| 行次古城店泛江作 | 大歷三年(768) |
| 千秋節有感 | 大歷四年(769) |

**卷四　七言律詩　共17首**

| 詩 篇 名 稱 | 寫 作 年 份 |
|---|---|
| 夜 | 大歷元年(766) |
| 秋興八首 | 同上 |
| 咏懷古迹二首 | 同上 |
| 即事 | 同上 |
| 見螢火 | 同上 |

| | |
|---|---|
| 九日登高 | 同上 |
| 即事 | 同上 |
| 小寒食舟中作 | 大歷五年（770） |
| 燕子來舟中作 | 同上 |

換句話說，王氏於《唐詩評選》所選的 91 首杜甫詩，作於杜氏入夔州以前的有 65 首，作於杜氏入夔州以後的只有 26 首。何況在這 26 首中，單是《秋興》一題，已占 8 首，因此王氏在此書中，實際上所選的杜甫入夔州以後詩數，在 20 首以下。

由上面的說明，我們可以了解到，王夫之并非全面排斥杜詩。相反的，他對杜甫入夔州以前的許多詩篇是極爲推崇的，否則《唐詩評選》之中就不會選錄爲數衆多的杜甫詩，也不會在詩評中對杜甫的許多詩作給予高度的贊揚了。

王夫之之所以會對杜甫的作品有苛刻的批評，除了他認爲一些杜詩過於說理，作風過於粗豪之外，更在於後代寫詩者學杜的不當。評杜詩《乾元中寓居同谷縣作歌七首》云：

> 「七歌不紹古響，然唐人亦無及此者。其位置行住如謝玄使人屐履，皆得其任。俗子或喜其近情，便依仿爲之，一倍惹厭。大都讀杜詩學杜者，皆有此病。是以學究幕客案頭胸中，皆有杜詩一部，向政事堂上料理饅頭餕子也。」（卷一，頁十四）

評杜詩《遣興》亦云：

> 「觀其風矩，尋其局理，固當文於王粲，章於袁淑。杜陵未敗之筆，固有如此。宋以下學杜人，舍其狗馬而學鬼魅，盡古今人求一爲之，難者，不易也。」（卷二，頁十二）

評杜詩《倦夜》云：

「清適。如此必非指天畫地以學杜人所得。」(卷三, 頁十九)

如何善於判別杜甫詩章的優劣, 不但是王氏評杜詩經常強調的要點, 也是他對學杜者的基本要求。

後代研究王夫之詩學者, 多認爲王氏揚杜抑李。一般上來說, 這種說法是沒有問題的。王夫之確實是全面推崇李白詩, 而且在比較李杜時, 也常有揚李抑杜的言論, 如評李白《遠別離》時云:

「工部譏時語, 開口便見。供奉不然。習其讀而問其傳, 則未知己之有罪也。工部緩, 供奉深。」(卷一, 頁十)

評李白《擬古西北有高樓》云:

「明月看欲墮二句, 從高樓、玉堂生出, 雖轉勢趨下而相承不更作意。少陵從中生語, 便有拖帶。杜得古韵, 李得古神。神韵之分, 亦李杜之品次也。」(卷二, 頁十)

不過, 在談及王氏之比較李杜時, 有一點必須注意的, 王氏顯然以杜甫的樂府歌行不如李白, 但是, 在言及杜氏的五言之佳作時, 則以李杜互不相讓。評杜詩《初月》時即云:

「五言之正宗, 賴以僅存。如此, 不愧與青蓮同其光焰。」(卷三, 頁二一)

## (五)

《唐詩評選》取另外兩位盛唐詩人王維詩 25 首, 岑參詩 18 首, 分別列選詩最多的詩人中的第三位與第四位。

所選的 25 首王維的詩作里, 樂府歌行 2 首, 五言古詩 4 首, 五言律詩 12 首, 五言排律 3 首, 七言律詩 4 首。其中值得注意的是五言律詩, 共 12 首, 是僅居杜甫之下的數字。在詩評中,

王夫之亦對王維的五言律大加贊揚。評王維之《觀獵》云:

「右丞於五言近體，有與儲合者，有與孟合者，有深遠宏麗，軼儲、孟而自爲體者，乃右丞獨開手眼處，則與工部天寶中詩相爲伯仲。顏、謝、鮑、庾之風，又一變矣。工部之工，在即物深致，無細不章。右丞之妙，在廣攝四旁，圜中自顯。如終南之闊大，則以欲投人處宿，隔水問樵夫顯之；獵騎之輕速，則以過、還歸、回看、暮雲顯之，皆所謂離鈎三寸，鱍鱍金鱗。少陵未嘗問津及此也。」(卷三，頁十一)

但對其五言古詩，就有不同看法。評王維《自大散以還深林密竹磴道盤曲四五十里至黃牛嶺見黃花川》云:

「右丞於五言，自其勝場，乃律已臻化，而古體輕忽，迨將與孟爲儔。佳處迎目，亦令人欲置不得，乃所以可愛。存者，亦止此而已。其他褊促浮露與孟同調者，雖小藻足娱人，要爲吟壇之衙官，不足采也。右丞與儲唱和，而於古體，聲價頓絕，趨時喜新，其蔽遂至於此。王、孟於五言古體，爲變法之始，顧其推送，雖以褶紋見凝滯，而氣致順適，亦不異人人意。」(卷二，頁六)

雖有贊語，但顯然已不若對其五言律詩之推重。

世以王孟并稱，但王夫之尊王維而抑孟浩然（689－740)，原因就在於孟詩音節褊佻，氣局拘迫。評孟氏詩《鸚鵡洲送王九之江左》云:

「襄陽於盛唐中，尤爲褊露。」(卷一，頁六)

評《臨洞庭》云:

「襄陽律其可取者在一致，而氣局拘迫，十九淪於酸餡，又往往於情景分界處爲格法所束，安排無生趣。於盛唐諸

子，品居中、下，猶齊、梁之有沈約。取合於淺人，非風雅之遺意也。」(卷三，頁十三)

所以比較王、孟詩時，曾云:

「自然清韵，較襄陽褊佻之音固別。」(卷三，頁十二。評王維詩《登裴秀才迪小臺》語)

王氏所選岑參詩 18 首，其中樂府歌行有 7 首，五言古詩有 2 首，五言律詩有 2 首，五言排律 2 首，七言律詩 5 首。所選岑參之樂府歌行與七言律詩較他體爲多。王氏在詩評中也對岑參的這兩種詩體作品大加贊揚。如評岑之樂府歌行《胡笳歌送顏眞卿使赴河隴》云:

「四用胡笳，各不相承，有如重見叠出，而端緒一如貫珠，腕下豈無神力?」(卷一，頁七)

評另一首樂府歌行《邯鄲客舍歌》云:

「看他轉韵，不用承合，自然浹洽處，豈非歌行獨步?」(卷一，頁八)

評《靑門歌送東臺張判官》云:

「情景事合成一片，無不奇麗絕世。嘉州於此體中，即供奉亦當讓一席地。供奉不無仗氣，嘉州煉氣歸神矣。」(卷一，頁八)

評岑參之七言律《和賈至舍人早朝大明宮之作》云:

「毛詩:庭燎有煇，言觀其旂，以狀夜向晨之象，景外獨絕。千載後乃得花迎劍佩一聯。星落乃知花之相迎，旌之拂柳也。《三百篇》後不可無唐律者以此。」(卷四，頁八)

評岑參之另一首七律《首春渭西郊行呈藍田張二主簿》云:

「起東入化。」(卷四，頁九)

評《暮春虢州東亭司馬歸扶風別廬》云:

「此乃大似杜審言，開、天間絕少。」（同上）

而對於岑參之五言律，則評價甚低。評岑之五律《送鄭少府赴滏陽》云：

「要嘉州自七言手筆，五言便幾不成語。如玉壘天晴望，諸峰盡覺低。不才明主弃，丹心亦未休。俗子面上汗汁濺人，當復不異，眞方於、杜荀鶴一流人先鞭，不謂之惡詩不得。」（卷三，頁十四）

世以高、岑并稱，但王夫之尊岑而抑高（702－765），特別是針對他們的七言律詩而言。於評高適《同陳留崔司戶早春宴蓬池》時，王氏云：

「達夫七言近體，湊泊以合體式，情景分叛，唯此首稍勻。然翰墨酩酊，終如箭之不離於筈。達夫固不可與嘉州分轡，差賢於李頎耳。」（卷四，頁七）

評岑氏之《首春渭西郊行呈藍田張二主簿》亦云：

「景中生情，情中含景，故曰景者，情之景；情者，景之情也。高達夫則不然，如山家村宴席，一葷一素。」（卷四，頁九）

於高、岑之五言律，評價均低。如評高氏之五言律《自薊北歸》一詩云：

「高、岑自非五言好手，亢爽自命，謂之氣格，止是鋪排骨血，粗豪籠罩。文章之道，自各有宜。典册檄命，固不得不以爽厲動人於俄頃；若夫絜音使圓，引聲爲永者，自藉和遠幽微動人於欣戚之性。況在五言，尤以密節送數疊之思。矧於近體，益以簡篇約無窮之致。而如建瓴瀉水，迅雷破山，則一徑無餘，迫人於口耳。其餘波回嶂，豈復有可觀者哉！」（卷三，頁十三至十四）

所以王氏僅取高適詩 8 首，其中五言律 2 首，而七言律只一首吧了。

王氏的《唐詩評選》取韋應物（737－790）詩 18 首，與岑參并列第四。其中五言古詩 14 首，五言律詩 1 首，七言律詩 3 首，顯見王氏對韋氏五言古詩的重視。揆之其詩評，也是如此。評韋氏五古《擬明月何皎皎》云：

> 「迎頭二十字，宛折回互，筆力萬鈞遞下，卻用芳樹二句興語緩受。孤雲矗起，散爲平霞，無心自奇。神者授之矣。」（卷二，頁十八）

評《酬盧嵩秋夜見寄》云：

> 「自愛其字，一出一入，非千金不售。有唐一代能爾者，唯公一人。」（卷二，頁十九）

評《藍嶺精舍》云：

> 「心力格色，無不得無不到者。唐三百年五言古體，不下萬首，即以此壓卷，亦何讓焉。」（卷二，頁二十）

故評其《送鄭源》時說：

> 「韋於五言古，漢、晉之大宗也。」（卷二，頁十九）

除了韋應物之外，中唐詩人得到王夫之之賞識的，還有王建、劉禹錫（722－842）等數位。評王建《早春午門西望》云：

> 「中唐詩至王建、劉禹錫、杜牧，一變十才子之陋，眉目乃始可辨。」（卷四，頁十）

杜牧爲晚唐人，稍後再加叙述。王夫之選王建詩 12 首，名列選詩最多的詩人的第 9 位。劉禹錫 8 首，名在第十名之後。王建的 12 首詩中，屬於七言律的 8 首，劉禹錫的 8 首詩，全爲七言律詩。基於此，我推想王氏在上文所說的王建、劉禹錫一變大歷十才子之陋者，當是針對七言律詩之作而言。在詩評中，王夫之贊

王建七律《歲晚自感》云:

「眞從《行路難》得譜系,爲不昧宗風。」(卷四,頁二一)

贊《上張弘相公》云:

「摘可句誦,合可篇吟,大歷傖澀,詎可不以此滌之。」(卷四,頁二十)

贊劉禹錫《和牛相公游南莊醉後寓言贈樂天兼見示》云:

「腹領兩聯,七言聖境。結亦與樂府相表裏。唐七言律如此者,不能十首以上。」(卷四,頁二一)

贊劉氏之《題於家公主舊宅》云:

「點染工刻。初唐人不爲此,乃爲,亦未必工。」(卷四,頁二二)

贊《再授連州至衡陽柳柳州贈別》云:

「字皆如濯,句皆如拔,何必出沈、宋下?」(同上)

推重之程度頗高。

王夫之選晚唐詩人詩作最多的是李商隱。他也是唯一名列選詩最多的前十名詩人中唯一的晚唐詩人。共有 15 首詩,名列第五。15 首詩中,五言律詩 2 首,七言律詩 13 首。王夫之對李商隱的七言律評價甚高。如評其七律《即日》云:

「苦寫甘出,少陵初年,乃得似此。入蜀後不逮矣。」(卷四,頁二六)

又評其《九成宮》云:

「一結收縱有權,劉長卿以還,不能問津也。」(同上)

評《藥轉》云:

「義山詩寓意俱遠,以麗句影出,實自《楚辭》來。宋初諸人得其衣被,遂使西昆與香奩幷目。」(卷四,頁二五)

對其五言律,推獎之程度雖不如七言律,可也不弱。如評其五律

《春宵自遣》云:

「一氣不忤。艷詩不煉，則入塡詞，西昆之异於花間，其際甚大。」(卷三，頁二八)

世以溫、李幷稱，但是王夫之不同意這種說法。在他心目中，溫庭筠(812-870)是遠遠比不上李商隱的。評溫庭筠七律《回中作》云:

「溫、李幷稱自今，古皮相語。飛卿一鍾馗傅粉耳。義山風骨，千不得一。」(卷四，頁二七)

在《唐詩評選》中，王氏只取溫氏詩七言律1首而已。

除了上述的十名詩人之外，王氏選詩較多且評價較高的詩人，尙有初唐的張九齡(10首)、王勃(8首)，盛唐的儲光羲(10首)，中唐的李嘉祐(7首)、劉長卿(9首)、劉禹錫(8首)，晚唐的杜牧(6首)、李賀(5首)。

王氏所選的10首張九齡(678-740)詩中，屬於五言古詩的有7首，五言律詩1首，五言排律2首。評張氏五律《湖口望廬山瀑布》云:

「曲江自古詩好手，近體大有食梅衣葛之苦。」(卷三，頁七)

可反映他之所以多選張氏五言古詩的原因。

王氏所選的8首王勃詩，屬於樂府歌行的1首，五言古詩1首，五言律詩6首。各詩之後王氏的評語均甚佳。

10首儲光羲(707-760)詩中，屬於樂府歌行1首，五言古詩6首，五言律詩2首，七言律詩一首。王氏評儲氏五古《采菱詞》云:

「起四句，即比即興，妙合無垠。通首序次變化，而婉合成章。盛唐之儲太祝，中唐之韋蘇州，於五言已入聖證。

唐無五言古詩，豈可爲兩公道哉!」(卷二，頁四至五)

可見他推重儲氏之一斑。

7首李嘉祐的詩作中，屬於樂府歌行的1首，五言律詩5首，七言律詩1首。王氏評李氏的五言律詩《送崔侍御還都》云:

「彼己之際，出入無痕。袁州是中唐第一佳手，近體獨有片段，一往尤多古意。」(卷三，頁二三)

又評《春日淇上作》云:

「獨紹古音，不入時調。高、岑、儲、孟，無得扣其壁壘，況錢、劉以降邪?」(卷三，頁二四)

可知他多選李氏五言律詩的原因。

劉長卿的9首詩，屬於五言古詩的有1首，五言律詩的有3首，七言律詩有3首，五言排律的有2首。王氏對劉氏各詩，雖有好評，但不算突出。

所選劉禹錫的詩作，由於前有述及，此不重複。

所選杜牧的6首詩，屬於七言律詩的5首，五言律詩的1首。王氏高評杜牧詩，曾有「中唐詩至王建、劉禹錫、杜牧，一變十才子之陋」之語，而評杜氏五律《句溪夏日送盧霈秀才歸王屋山將欲赴舉》亦云:

「中唐人盡弃古體，以箋疏尺牘爲詩。六義之流風，凋喪盡矣。樊川力回古調，以起百年之衰。雖氣未盛昌，而擺脱時蹊，自正始之遺澤也。」(卷三，頁二七)

李賀詩5首，全爲樂府歌行。王夫之賞李詩之長於諷刺。評李詩《崑崙使者》云:

「此以刺唐諸帝餌丹暴亡者。今且千年，人猶不解，況當時習讀問傳之主人?長吉於諷刺，直以聲情動今古，眞與

供奉爲敵,杜陵非其匹也。」(卷一,頁十九)

## ㈥

以上是分析王夫之選詩最多的唐代詩人以及他對這些詩人和他們的詩作的看法。在《唐詩評選》中,我們也可以看到王氏對一些詩人的排斥與抨擊。對於初唐的詩人,他就非常不滿陳子昂(656－695)的五言古詩。評陳氏的五古《送客》云:

「大概與吳均、柳惲相爲出入。唐五言佳境,力盡此矣。正字意不自禁,乃別爲褊急率滯之詞,若將度越然者,而五言遂自是而亡。歷下謂子昂以其古詩爲古詩,非古也。若非古而猶然爲詩,亦何妨風以世移。正字《感遇詩》,似誦,似說,似獄詞,似講義,乃不復似詩,何有於古?故曰:五言古自是而亡。」(卷二,頁二)

評陳氏五言排律《萬州曉發放舟乘漲還寄蜀中親朋》云:

「正字古詩亢爽,一任血氣之勇,如戟手語。」(卷三,頁三十)

對於盛唐的詩人,則不滿李頎(690－751)、王昌齡(698－765)、常建。王氏評丁仙芝五言律《渡揚子江》時云:

「五言之餘氣,始有近體。……開、天之末,李頎、常建、王昌齡諸人,或矯厲爲敖辟之音,或殘裂爲巫鬼之詞,已早破壞濱盡,乃與拾句撮字相似。」(卷三,頁十五)

他更稱李頎、常建之詩爲惡詩。評賈至《寓言》時云:

「所謂惡詩者,李頎之和瓶傾醋,常建之病蠶牽絲也。」(卷二,頁八)

評王績《北山》亦云:

「故七言律詩亦當以此爲祖,乃得不墮李頎、許渾一派惡

詩中。」(卷一，頁一)

於評高適《同陳留崔司戶早春宴蓬池》論及李頎時亦云:

「盛唐之有李頎，猶制藝之有袁黃，古文詞之有李覯，朽木敗鼓，區區以死律縛人。」(卷四，頁七)

於評王維詩《自大散以還深林密竹磴道盤曲四五十里至黃牛嶺見黃花川》論及王昌齡、常建的詩作時云:

「王、孟於五言古體，爲變法之始。顧其推送，雖以褶紋見凝滯，而氣致順適，亦不異人人意。若王昌齡、常建、劉慎虛一流人，既筆墨濃敗，一轉一合，如蹇驢之曳，柴車行數步即躓，不得已而以谿刻危苦之語，文其拙鈍，則其雜冗，尤令人悶頓不堪。」(卷二，頁六)

不過，王氏對王昌齡的評價，顯見比李頎、常建爲高，特別是對他的七言絕之作。於評王昌齡歌行《行路難》云:

「龍標自樂府第一好手筆，使不作五言古詩，詎不橫絕一代?」(卷一，頁六)

於評王維詩《自大散以還深林密竹磴道盤曲四五十里至黃牛嶺見黃牛川》云:

「龍標超忽之才，自七言絕句能手，常、劉則於諸體，率以澀窒行之，又無足論已。歷下開口一喝，說唐無五言古詩，自當爲此諸公而設。」(卷二，頁六至七)

所以《唐詩評選》只選李頎詩1首，王昌嶺詩2首，而完全沒有選取常建的作品。

對於中唐諸詩人，王故之不滿元稹(779－831)、白居易(772－846)、韓愈(768－824)、柳宗元(773－819)、孟郊(751－814)、賈島等人的作品。其中論及元、白之處甚多。王夫之評杜甫《遣興》云:

「古人作一直語，必不入人意中，直而可以人意射者，元、白之所輕俗也。」(卷二，頁十二)

評曹鄴《和謝豫章從宋公戲馬臺送孔令謝病》云:

「代和意深，所以代和意益深。長慶人徒用謾罵，不但詩教無存，且使生當大中後，直不敢作一字。元、白輩豈敢以筆鋒試頸血者，使古今無此體制。詩非佞府，則畏塗矣。」(卷二，頁二一)

於批評一些詩作之佳者時，王氏亦常取元、白詩加以嘲弄，如評岑參《白雪閣行送武判官歸京》云:

「顛倒傳情，神爽自一，不容元、白，問花源津渡。」(卷一，頁八)

評寒山子《無題》亦云:

「一似阮公，一似太白。天然成章，非元、白所能望津。」(卷三，頁二二)

不過，王氏對白居易七言律較有好感，時有佳評。故《唐詩評選》取白居易七言律 3 首，而只取元稹詩 1 首。

王夫之不滿韓、柳、孟、賈。評韋應物五古《幽居》時云:

「蘇州詩獨立衰亂之中，所短者時傷刻促。此作清不刻，直不促，必不與韓、柳、元、白、孟、賈諸家，共川而浴。」(卷二，頁十八)

又評李白《送張舍人之江東》云:

「天清一雁遠，與大江流日夜，亭臯木葉下，自挾飛仙之氣。賈島:落葉滿長安，妝排語耳。無才而爲有才，欺天乎?」(卷二，頁十)

評杜審言《夏日過鄭七山齋》亦云:

「晚唐即極雕琢，必不能及初唐之體物，如日氣含殘雨，

盡賈島推敲，何曾道得?」（卷三，頁五）

故王氏於《唐詩評選》中，只取韓愈詩 1 首，柳宗元詩 2 首，而不取孟郊與賈島的作品。

此外，王氏亦對大歷十才子不很滿意，如評李宣遠《并州路作》云：

「眉宇清安，有生人之色。此種詩迨元和以降，始復有之。自大歷之末，爲十才子破裂已盡，相對皆如夢寐。秉燭夜闌，其功不小也。」（卷三，頁二六）

評盧綸《長安疾後首秋夜即事》云：

「惡詩極壞世人手眼，大歷十才子往往而有。」（卷四，頁十九）

評楊巨源《和大夫邊春呈長安親故》云：

「所云新語者，十才子以降，枯枝敗梗耳。」（卷四，頁二三）

所以王氏才會稱贊杜牧、王建、劉禹錫之一洗十才子之陋。唯在十才子中，亦有高下之別，因此他選錢起詩 3 首，司空曙詩 2 首，李端詩 1 首，盧綸詩 1 首，韓翃詩 1 首，而不取吉中孚、苗發、崔峒、耿諱與夏侯審的作品。

於晚唐，王夫之相當不滿許渾、羅隱、杜荀鶴及溫庭筠。評許渾《卧疾》云：

「渾詩不足道，但資新安賈作春聯耳。」（卷四，頁二八）

幷稱之爲惡詩，這在前面談李頎詩時已有言及。所以王氏只取許渾詩 1 首。

而評岑參《送鄭少府赴滏陽》云：

「嘉州自七言手筆，五言便幾不成語，……眞方於、杜荀鶴一流人先鞭，不謂之惡詩不得。」（卷三，頁十四）

評張說《奉和春日出苑游矚應令》云:

> 「燕公詩多湊泊,此首自出心目。學燕公而不得此,且爲方干、羅隱有餘。」(卷四,頁四)

至於對溫庭筠的看法,前文已有論及,此不復述。由於王氏對許渾、羅隱、杜荀鶴、溫庭筠等人之評價甚低,所以《唐詩評選》只取許渾詩 1 首,溫庭筠詩 1 首,而不取羅隱、杜荀鶴的作品。

## (七)

由前面的論析,我們可以知道:

(1)王夫之選錄唐人詩作,是有他的相當謹嚴的標準的。選錄詩人詩作的多與少相當能夠反映他對有關詩人與詩作的評價。對所選詩數最多的詩人,王氏所給予的評語,多是好評。即使是他常非議的杜詩,所不滿的是杜氏入夔府以後的作品,對杜甫早歲所寫的篇章,評價是很高的,這也說明了他之所以會錄取杜詩高達 91 首的原因。91 首杜詩中,也有杜氏入夔以後的作品,數目雖不多,卻反映了王氏對待詩人與詩作幷非主觀的,只是全面地肯定或否定的,只要這些作品詩情溫潤,韵外有致,他也是可以接受幷給予贊揚的。同時,對同一詩人的不同體制的作品,他也能根據不同的情況愼重地選錄與批評,如稱贊韋應物的五言古詩,可是對他的七言之作,就有微辭了。同樣的,稱贊岑參的樂府歌行與七言律詩,而不滿其五言古,所以在詩選中,王氏乃選韋氏的五古特多,岑氏的樂府歌行與七言律詩居多。至於他所不滿的詩人與詩作,或只取一、二首,或全不取錄,在在都反映了王氏的鮮明的愛憎的態度。

(2)王夫之認爲:唐詩的發展是由盛至衰的,所以他高度贊揚初、盛唐的作品,而不滿開元、天寶以後特別是中唐與晚唐的詩作。這也是在《唐詩評選》中，初唐有三位詩人高踞選詩最多的前十名行列的原因。不過，王氏雖然有晚唐不如中唐，中唐不如盛唐，盛唐不如初唐的看法，卻不因此而抹殺了各個不同時期中個別詩人的成就，例如於盛唐，他特別推重杜甫、李白、王維、岑參；於中唐，他特別推重韋應物、王建、劉禹錫；於晚唐，推重李商隱、杜牧、李賀。

(3)對世所稱之可以比美并稱的詩人常有不同的看法。世人并稱李、杜，王氏卻揚李而抑杜，可是對杜甫詩中之有突出表現者，又認爲可以媲美李白；世人以高、岑并稱，王氏卻揚岑而抑高；世并稱王、孟，王氏則認爲孟浩然遠不及王維；世并稱溫、李，王氏則認爲溫庭筠遠在李商隱之下。這些批評與判斷顯示了王氏對詩有他一定的看法，對唐代詩人有他一定的見解。

可惜的是，《唐詩評選》只取樂府歌行、五言古詩、五言律詩、五言排律，與七言律詩，而欠缺五、七言絕句，因此無法了解他對唐人絕句的看法。例如他在詩評中盛贊王昌齡七言絕句的成就，而具體的意見如何，就無法從其詩選與詩評中知道了。

## 【註　釋】

①《王船山學術討論集》。頁 505－507。北京中華書局。1965 年。

②同上註。

③鄧顯鶴《船山著述目錄》。《船山全集》（上海：太平洋書店，1933）。

④參閱拙作《中國古典文學批評論集》（香港：三聯書店，1986）。

⑤見李夢陽《空同集》。卷五十。頁 4。香港大學馮平山圖書館藏明嘉靖刊本。

⑥何景明《海叟集序》。《大復集》。卷三十四。《四庫全書珍本七輯》。臺灣商務印書館影文淵閣本。

⑦見楊愼《升庵詩話》。卷十二引何氏語。《續歷代詩話》。（臺北：藝文印書館）。

⑧見胡應麟《詩藪》〈外編〉。該書卷五，頁 198。北京中華書局。1958 年。

⑨同上註。

⑩同註⑥。〈雜編〉。卷五，頁 294。

⑪見毛奇齡《西河詩話》。

⑫見錢泳《履園說詩》。《清詩話》。頁 872。北京中華書局。

⑬沈德潛《唐詩別裁·凡例》。《唐詩別裁》。頁 1。北京中華書局。

⑭見吳喬《圍爐詩話》。卷一。《清詩話續編》。頁。北京中華書局。

# 王夫之評選明代詩人與詩作:《明詩評選》研究

前曾撰寫《王夫之詩論研究》一書，主要是通過王氏之詩話，詩選以及其他與詩論有關的作品，剖析其中所用之主要術語，經組織整理後，進而分析他的詩觀。① 在研究過程中，已對他所評選的各種詩選深感興趣，加上我曾在《詩選的詩論價值：文學評論研究的另一個方向》一文②中，吁請中國文學批評研究界注意文學選集的研究，以擴大中國文學評論研究的範圍，發掘這種在古代文藝評論圈極受重視而在現在文學評論研究界仍然忽略的體制的詩文評論價值，使我更立意進行王氏各種詩評選的論析。本文是其中研究計劃的一部分。

## (一)

王夫之（1619－1692）評選歷代詩作成書而傳於世的，有《古詩評選》六卷、《唐詩評選》四卷、《明詩評選》八卷。此三種俱見於劉人熙於辛亥革命前後於長沙排印的《船山遺書》，及民國二十二年（1933）上海太平洋書店排印的《船山遺書》之中。而王夫之另選有《夕堂永日宋詩選評》，唯此書已佚。關於各種詩評選成書的時間，周調陽《王船山著述考略》曾引湘西草堂刻本《夕堂永日緒論》後船山子王敔的學生曾載陽的附識道：

「子船山先生，初徙茱萸塘，同里劉庶仙前輩近魯，藏書甚多，先生因手選唐詩一帙，顏曰《夕堂永日》。夕堂，子先生之別號也。繼又選古詩一帙，宋元詩、明詩各一帙，而暮年重加評 論，其說尤詳。」③

王夫之由南岳雙髻峰續夢庵移徙茱萸塘敗葉廬，時年四十二歲。④選輯歷代詩作，開始於此時。王氏《夕堂永日緒論序》道：

「閱古今人所作詩不下十萬，經義亦數萬首，既乘山中孤寂之暇，有所點定。」⑤

《序》作於庚午年（1690），時王夫之七十二歲。由此結合曾載陽所說的「暮年重加評論」，可知王氏品評所選各種詩選，應在1690年以前的一段時間。甄選批評所選詩作之後，王氏才開始寫作他的詩話文話之作：《夕堂永日緒論》二卷。上卷又稱《夕堂永日緒論內編》，多論詩之語，故被後人輯於《薑齋詩話》之中。下卷多論制義之法，稱《夕堂永日緒論外編》。

《明詩評選》，亦稱《夕堂永日明詩選評》。⑥此書面世極遲。王敔《薑齋公行述》在提及王氏之著作時，不曾提到這部作品。辛亥革命前的各種《船山遺書》版本，如王敔刊本、衡陽學署本、湘潭王氏本，金陵刻本等，都不曾輯有此集。清鄧顯鶴(1777－1847）《船山著作目錄》中，有《夕堂永日八代詩選》、《唐詩評選》之目⑦，雖於目下署未見，但於《明詩評選》，卻全沒提及。辛亥前後劉人熙搜得王氏各種詩評選集，并排印成書。1933年上海太平洋書店更輯於其《船山全集》中，排印出版，以廣流傳。一方面由於《明詩評選》和王氏的其他詩選出版成集較遲，一方面由於中國文學研究者多忽略文學選集的研究，所以直到現在，還沒有一篇專文或一部專著全面分析這些詩選。

㈡

《明詩評選》八卷，卷次依詩體排列。卷一、樂府；卷二、歌行；卷三、四言；卷四、五言古；卷五、五言律；卷六、七言律；卷七、五言絕；卷八，七言絕。所選各種詩作詩數如下表：

| 詩體 | 樂府 | 歌行 | 四言 | 五古 | 五律 | 七律 | 五絕 | 七絕 | 共　計 |
|---|---|---|---|---|---|---|---|---|---|
| 詩數 | 74 | 81 | 17 | 228 | 257 | 179 | 63 | 213 | 1112 |
| 詩人 | 27 | 34 | 6 | 65 | 102 | 73 | 36 | 96 | 231 |

以上詩人之統計總數 231 人，乃扣除各體中重複之詩人而得，換句話說，共選 231 人，詩 1,112 首。（統計數字，據《明詩評選》目錄，惟目錄中朱陽仲與朱青城乃一人之二名，因此詩人數目當爲230人）在 230 詩人中，王氏選詩最多的前十名詩人爲：

1.劉　基　85 首　　6.楊維楨　29 首
2.高　啓　75 首　　7.沈明臣　25 首
3.楊　慎　40 首　　8.蔡 羽　21 首
4.湯顯祖　37 首　　9.祝允明　20 首
5.徐　渭　31 首　　10.王穉登　20 首

所選劉基、高啓二人詩最多，遠遠超越名列第三的楊慎。

劉基（1311－1375），字伯溫。浙江青田人。元進士。洪武中以依命功封誠意伯，其後爲胡惟庸毒死。正德中，進謚文成。

高啓（1336－1374），字季迪。江蘇長州人。洪武初召修元史，授翰林院國史編修，擢戶部侍郎，放還。後由於爲魏觀作上梁文，連坐死。

劉、高二人傳俱見《明史》。

王夫之對劉基、高啓二人的詩作評價甚高。在《夕堂永日緒論內編》中，就稱贊他們兩人都能自展騏足，不受元人門閥之習所影響，而樹立起明初詩作的獨特風格。他說：

「建立門庭，自建安始。……沿及宋人，始爭疆壘。……胡元浮艷，又以矯宋爲工，蠻觸之爭，要於興，觀、群、怨，絲毫無當也。伯溫、季迪以和緩受之，不與元人競勝，而自問風雅之津，故洪武間詩教中興。……」⑧

在詩評中，王氏對劉基詩的贊賞尤高：許之爲天才。如評他的樂府詩《蜀國弦》道：

「饒有往復，而無一溢詞；點染已至，而抑無一浮字。所謂拓小以大，居多以少者也，何得不推爲天才。」（卷一，頁三）

許其作爲天授而非人力，如評其樂府《大牆上蒿行》道：

「一直九折，竟以舒爲斂。天授，非人力也。」（同上）

評其另一首樂府詩《東飛伯勞歌》時，更以他能以雅筆寫作而無襁板氣，許之爲可獨步千古。他說：

「較梁武始制，以雅棄鄭。雅而不作襁板氣，千古唯公獨步。」（卷一，頁四）

評其四言詩《靑陽》，亦用「古今無匹」的贊語：

「閑朗，古今無匹。」（卷三，頁二）

贊其五言古詩《旅興》中之「雨來群山暗」一首更許之爲「唐以下第一首古詩」：

「是唐以下第一首古詩，幾於無字。」（卷四，頁四）

而當拿其詩與前代詩人詩作比較時，更可見及他對劉基詩作推崇的程度。或稱贊他奪得《三百篇》與漢人作品之精髓。評劉氏的樂府《靜夜思》道：

「狀景狀事易，自狀其情難。知狀情者，乃可許之紹古。文成起千年後，奪得《三百篇》、漢人精髓矣。」（卷一，頁四）

稱其五言古詩《游仙》「娟娟姮 娥女」一首，認爲實屬漢人第一乘之作：

「明潔示人，深弘自處，眞漢人第一乘。」(卷四，頁三)

稱另一首《正月二十三日得臺州黃元徽書有感》，幾可與古詩十九首爭席:

「公佐石末幕以還，心計較粗，托於瑰奇以示異，雜詩三十餘首，未足深靜者。如此篇乃見公本色，幾與《十九首》爭席矣。」(卷四，頁三)

而與唐人詩作相比時，就認爲他的作品高於李賀、張籍、韋應物、陳子昂、甚至杜甫。如評其樂府《王子喬》:

「駘宕深駿，漢人奪色。李賀、張籍何有哉!」(卷一，頁二)

評五言古詩《感懷》「驅車出門去」一首:

「如轉如不轉，如結如不結，一爲平衍，一爲光耀。韋蘇州不逮此多矣，況陳正字一流輩。」(卷四，頁一)

評五言古詩《感春》:

「悲而不傷，雅人之悲故爾。古人勝人，定在此許。終不如杜子美愁貧怯死雙眉，作層巒色像。」(卷四，頁六)

王夫之對阮籍，李白詩，評價甚高。於稱贊劉基詩時，認爲與阮籍相當。如評其五言古詩《感懷》「結髮事遠游」:

「光力似阮公，沈勇過之，是以所就不等。」(卷四、頁一)

評其《旅興》「青青瀟湘竹」與「吾觀穹壤間」兩首道:

「二首又極似阮步兵《咏懷》，非取肖也，英雄略同。」(卷四，頁五)

而評其樂府詩《走馬引》說:

「一淺一深，俱致極人心，太白尚遜其峭出。」(卷一，頁三)

王氏於劉基諸體詩作中，給予高度推崇的是他的樂府，四言詩和五言古詩之作。所以選他這方面的作品也比較多。在所選的85首詩作中，五言古詩，37首，樂府16首，四言詩12首，其他體制的詩作，都在10首以下，如七言絕句8首，七言律詩7首，歌行3首，五言律詩與五言絕句各1首。而和王氏所選的其他明人詩作比較，劉基五言古詩37首，樂府16首與四言詩12首，亦居各詩人之冠。

王氏對高啓詩的推崇不如劉基，但是評價亦甚高，許之爲一代詩人。於評高啓五言律詩《咏夢》時說：

> 「冥搜無迹，揀取精純。……一代詩人，非季迪不足以當之也。」（卷五，頁十）

又稱贊他的樂府詩《短歌行》說：

> 「氣勢，在曹瞞之右，沈勇，亦不下之。唐以來不見樂府久矣。千年而得季迪，孰謂樂亡哉！」（卷一，頁六）

認爲他的樂府，得《三百篇》、漢人樂府之妙。評《堂上歌行》說：

> 「乃似大無意味，不知中有三山十二樓在。熟誦《三百篇》及漢人樂府，方知其妙。」（同上）

而王氏將高氏與前代詩人相比，認爲與謝玄、李白、江淹、王維、王勃、駱賓王、沈佺期、宋之問相當。評五言古詩《過百鶴溪》道：

> 「聲情俱備，遂欲左挹玄暉，右拍太白。」（卷四，頁十一）

評《題曹氏春江雲舍》道：

> 「煉而不劌，儉而不削，彷佛江郎早歲。」（卷四，頁十二）

評五言律詩《咏夢》道：

> 「冥搜無迹，揀取精純。一皆在王、駱、沈、宋間入手。」（卷五，頁十）

評七言絕《少年行》道:

「一氣磅礴，定不下王江寧矣。」(卷八，頁五)

王氏所選 75 首高啓詩作中，以五言律詩最多，共 29 首，居所有詩人之冠；其次爲七言律詩 11 首，與楊維楨詩數相同，俱爲所有詩人之冠，樂府、五言古詩及七言絕句各 10 首；五言絕句，5 首。

王氏於比較高啓之五、七言律詩，認爲他的五言律詩，高於七言律詩，幷稱贊前者爲神品。評高氏七言律詩《丁校書見招晚酌》說:

「高五言近體，神品也。七言每苦死拈，時有似許渾者。此詩傲岸蕭森，不愧作家矣。」(卷六，頁八)

所不滿的高啓七言律詩，當是針對其早年之詩作而言。所以評高氏之《春來》時說:

「季迪早歲，七言拘忌不閎。」(卷六，頁九)

然而，總的來說，在高氏的各體詩中，他還是比較推崇他的近體之作的。評張羽《三江口望京闕》說:

「季迪之近體，來儀之古詩，雙羽凌空，是鶴是鳳。」(卷四，頁十四)

這也是他選高氏五言律詩及七言律詩最多的原因。

至於名列第三位及以後的其他詩人，王夫之對他們的作品亦力加贊揚。如評名列第三位的楊愼（1488－1559）的樂府《扶南曲》「游賞上春時」一首:

「才是樂府，才是詩人所作，看他一結平遠雍容處。」(卷一，頁十二)

評他的五言律詩《折楊柳》時說:

「才說到折處便休，無限無窮，天流神動，全從《十九首》

來。以古詩爲近體者，唯太白間能之，尚有未純處，至用修而水乳妙合，即謂之千古第一詩人，可也。」（卷五，頁二四）

又評他的五言律詩《乙酉元日新添館中喜晴》說：

「元聲逸響，此與秦時明月一首，《升庵集》中最上乘，亦三百年來最上乘也。」（卷五，頁二三）

評位居第四位之湯顯祖（1550－1617）的歌行《次笙歌送梅禹金》說：

「妙處只在敘事處偏著色攪碎。古今巨細，入其興會，從來無人及此，李太白亦不能然。」（卷二，頁十七）

評湯氏之五言古詩《南旺分泉》說：

「指事發議詩，一入淺人鋪序格中，則但一篇陳便宜文字。強令入韵，更不是以感人深念矣。此法至杜而裂，至學杜者而蕩盡。含精蓄理，上繼變雅，千年以來，若士一人而已。」（卷四，頁三九）

又評《黃罔西生寄小聲》說：

「栖栖王子情，亦是出題，看他化骨爲筋，化筋爲液之妙。序事如不序，謂千五百年來一人，余自信非誣。」（卷四，頁四十）

評位居第五位的徐渭（1521－1593），則贊其深於詩法。評徐氏之五言律詩《銅雀妓》說：

「一意不濫，陶石簣謂文長詩深於法，可謂隻眼。」（卷五，頁三九）

評其七言絕句《武夷山一綫天》道：

「文長、義仍，壇坫各立，而於七言小詩，往往有合。技到絕處，必合也。」（卷八，頁二十）

評位居第六的楊維楨(1296-1370)爲眞作家。評楊氏歌行《蓮花enz抖抖在太湖之西薊氏村》說:

「遞換有神,非眞作家不能。」(卷二,頁一)

爲抗御宋元矜尚之風的「中流砥柱」。評楊氏《送貢尚書入閩》一詩說:

「宋元以來,矜尚巧湊,有成字而無成句。鐵崖起以渾成易之。不避粗,不避重,洶萬里狂河,一山砥柱矣。」(卷六,頁三至四)

又贊其七言律詩之帶歌行意說:

「七言近體,帶歌行意,不迷初始,開、天以下,一人而已。」(評楊詩《寄小蓬萊主者聞梅澗弁東沈元方宇文仲美賢主賓》語。卷六,頁五)

他若對沈明臣、蔡羽、祝允明(1460-1526)、王穉登之評價亦甚高,此不擬一一言述。要特別強調的是,有一些詩人,雖沒名列在選詩最多的前10人之中,但由於他在某一種詩體有其杰出表現者,王氏選該類作品亦多,并且也給予佳評。如王氏選張羽(1333-1385)五言古詩11首,僅次於劉基的37首。王氏就曾評其五古之作道:

「季迪之近體,來儀之古詩,雙羽凌空,是鶴是鳳。」(評張詩《三江口望京闕》語。卷四,頁十四)

又評其五古《春日陪諸公往戴山眺集莫入北麓得石床岩洞諸勝》道:

「……國初諸公,根科不妄者,唯司丞耳。雖才不自攝,偶或煩沓,而當其純浹,眞不知世有謝眺、王融,况俗目所驚之李、杜哉?」(卷四,頁十三)

亦選許繼之五言古詩11首,與張羽相同。評其五言古詩《雨中有懷》道：

「五言，靜業也。然纖人之靜，非佻則晦。彼貌日靜，彼心日動，安得蠲煩以向逸乎？唐三百年，詩人淵藪，能此者，張曲江一人而已。是知纖人君子言無不如心之理。士修得見於當世，當與曲江幷駕，吾以其詩知之。」（卷四，頁二一）

評其《村中晚興》道：

「深於陶，純於柳。舊云公詩有陶、柳之風。皮相耳。」（卷四，頁二十）

又選陳秀民歌行 8 首，與徐渭同居各詩人之冠。王氏或贊之爲天授。如評陳氏之歌行《太白》：

「白戰直陳、正爾豐神逸絕。此乃以知天授。」（卷二，頁四）

評《悲歌》：

「如緩如不欲言，萬年四方，神搖天動。」（卷二，頁三）

以誇張之譬喩言此歌行之感人情況。

㈢

王夫之論明詩的發展，有三變之說。第一變始自於李夢陽（1472－1529），第二變始自公安三袁，第三變始自竟陵鍾、譚。王氏對啓此三變之三家是沒有好感的。《明詩評選》評李夢陽詩《贈靑石子》時說：

「三家者，豈横得譽，亦横得毀。如吳、越爭伯春秋之所必略，蝸角虛爭、徒勞而已。」（卷四，頁三十）

又說：

「三家之興，各有徒衆。北地之裔，怒聲醉呶，掣如狂兒。

康德涵、何大復而下,愈流愈莽。公安作起,即爲竟陵所奪,其黨未盛,故其敗未極。以俗誕而壞公安之風矩者、雷何思、江進之數子而已。若竟陵,即普天率土乾死時文之經生,拾瀋行乞之游客,樂其酸俗淫佻而易從之,乃至鬻色老嫗,且爲分壇坫之半席,則回思北地,又不勝朱弦疏越之想。」(卷四,頁三十至三一)

由上可知,王氏於三家之中,對公安尙有好評,於李夢陽之前後七子與竟陵鍾惺(1574－1625)、譚友夏(1586－1637)之間,則對後者抨擊尤烈。所以他說:

「要以平情論之,北地天才,自出公安下。六義之旨,亦墜一偏,不得如公安之大全。至於引情動思,含深出顯、分脛臂,立規宇,毆俗劣,安襟度,高出於竟陵者,不啻華族之視儈魁。此皇明詩體三變之定論也。」(卷四,頁三十)

王氏曾經比較三家之高下,以公安袁宏道(1568－1610)無所從入,因其興之偶然,而標榜學白居易與蘇軾。前後七子之李夢陽、何景明(1483－1521)、王世貞(1526－1590)、李攀龍(1514－1570)則有從入,但舍其從入而無自位,而竟陵鍾、譚則無自位,亦無從入。評袁宏道詩《和萃芳館主人魯印山韵》云:

「中郎詩以己才學白、蘇,非從白、蘇入也。李、何、王、李,俱有從入。舍其從入,即無自位。鍾譚無自位,亦無從入,暗靠元、白、孟、賈、陳無已、黃魯直作骨子,而顯則相叛。故三變之中,鍾、譚爲尤劣。心之不臧,其殆婢者之竊也。中郎若不夭,伯敬終不敢自矜。看破底里,只資其一噱而已。……中郎舍王、李而歸白、蘇,亦其興

會之偶然，不與開帳登壇爭名聞利養者，志同趣合。」（卷六，頁二八）

又就三家對用字之不同態度而比較其優劣道：

「詩莫賤於用字。自漢、魏至宋、元，以及成、弘，雖惡劣之尤，亦不屑此。王、李出而後用字之事興。用字不可謂魔，只是亡賴偏方下邑劣措大賴歲考捷徑耳。王、李則有萬里千山、雄風浩氣、中原白雪、黃金紫氣等字，鍾譚則有歸、懷、遇、覺、肅、欽、澹、靜、之、乎、其、以、孤光、太古等字，舍此，則王、李、鍾、譚，更無可言詩矣。鍾、譚以其數十字之學，而誚王、李數十字之非。此婢妾爭針綫鹽米之智，中郎不屑也。中郎深詆王、李，詆其用字，非詆其所用之字。竟陵不知但用字之即可詆，而避中郎之所斥，竊師王、李用字之法而別用之，中郎不夭，視此等劣措大，作何面孔邪？王、李用字，是王、李劣處；王、李猶不全恃用字以立宗。全恃用字者，王、李門下重儓也。鍾、譚全恃用字，即自標以爲宗，則鍾、譚者，亦王、李之重儓，而不足爲中郎之長鬣，審矣！無目者，猶以公安、竟陵相承而言。公安即以輕俊獲不令之報，亦不宜如此之酷也。」（卷六，頁二八至二九）

因此，在選公安袁宏道、袁中道（1570－1623）、前後七子⑨中的李夢陽、何景明、王世貞、李攀龍與竟陵譚友夏、鍾惺的詩作時，情況亦有不同，此由下表可見：

| | | |
|---|---|---|
| 公安 | 袁宏道 | 15首 |
| | 袁中道 | 10首 |
| 七子 | 李夢陽 | 8首 |
| | 李攀龍 | 6首 |

| | | |
|---|---|---|
| | 王世貞 | 1首 |
| | 何景明 | 1首 |
| 竟陵 | 譚友夏 | 1首 |
| | 鍾　惺 | 0首 |

在詩評中，王氏對公安袁宏道、袁中道之作品，亦多贊語。如評袁宏道樂府《紫騮馬》云:

「一意不亂，亦不窮盡。東坡放翁庫中，初無此寶刀。」(卷一，頁十四)

評其七言律《登華》:

「眞劉播州，白尚不能，勿論蘇矣。」(卷六，頁二九)

評其七言絕《桃花流水行》:

「游仙詩，無俯仰意，即道士鈴鼓中物耳，此正得景純三昧。」(卷八，頁二三)

評袁中道《別顧太史開雝時冊封周藩取道回吳》:

「通首高、岑。」(卷五，頁四十)

評另一首五古《感懷》:

「貴重，不入谿徑。小修自命，正以千古爲期，不但標宗與王、李爲敵也。」(卷四，頁四二)

對前後七子，雖然於其中一二子，或有佳評，一般上常被列爲負面的批評對象看待。如評蔡羽《桑乾河》說:

「絕不入板障雄壯語，乃知嘉靖七才子，一似金幞頭演宋江，了無生理。」(卷一，頁九)

評梁有譽《咏懷》「阮公嘆廣武」一首說:

「全賴一結之深，彼七子者到此，便一直去，悻悻然窮日之力。」(卷四，頁三六)

評徐磷《山家》說:

「不僅恃思理，亦不僅恃興致。規之極大，入之極沈，出之極曲，乃是眞詩人。足知九逵於此道，已透過一切，紹卿其嫡傳鉅子，自不墮惡道中。當時所稱七才子者，知否?」(卷五，頁三二)

評朱曰藩《鷄籠山房雨霽》「客樓睡起西日曛」一首說:

「五六入事，點染成致，非七才子輩，尋事塡腔活字印板套也。」(卷六，頁二一)

但於前後七子之中，王氏幷非一棒壓殺衆人，他對於那些認爲有杰出表現的詩人，則給予贊揚。如他在李（夢陽)、何（景明)、王（世貞)、李（攀龍）四位前後七子的代表者之中，就比較欣賞二李。評李夢陽《贈靑石子》道:

「此亦自關性靈，亦自有餘於風韵。立北地於風雅中，恰可得斯道一位座，乃苦自尊已甚。推高之者，又不虞而譽，遂使幾爲惡詩作俑，亦北地之不幸。要以平情論之，北地天才，自出公安下。六義之旨，亦墮一偏。不得如公安之大全。至於引情動思，含深出顯，分脛臂，立規宇，毆俗劣，安襟度，高出於竟陵者，不啻華族之視傖魁。」(卷四，頁三十)

評李氏之五言絕句《江行雜詩》道:

「如此爲雄渾，爲沈麗，又誰得而閒之。北地五言小詩，冠冕今古。足知此公才固有實，豐韵亦勝，胸中犖括，亦極自鄭重。爲長沙所激，又爲一群噇蒜麵燒刀漢所推，遂至戟手赦顴之習成，不得純爲大雅，故曰不幸。」(卷七，頁四)

評李攀龍《寄許殿卿》道:

「破盡格局，神光獨運。於鱗自有此輕微之思，深切之腕，

可以天游藝苑，其不幸而以粗豪誕率標魔詩宗派者，正坐爲謝榛、宗臣輩牽率耳。」（卷五，頁三四）

評李氏之《重別李戶曹》道:

「亦漸入錢、劉，而風神自腴。此等詩蔑論宗、謝、吳、徐，即元美亦必不能至，以其腕粗指硬，喉嚨陡，腸胃直也。於鱗固有遠神，不容渠輩夢到，又況汪南溟以下，盧柟、李先芳之區區者乎！論嘉靖諸子詩者，當亟爲分別。」（同上）

但對王世貞，則評價不高。於評王世貞詩《閨恨》時道:

「弇州記問博，出納敏，於尋常中自一才士，顧於詩，未有所窺耳。古詩率野，似文與可、梅聖俞；律詩較寬衍，而五言捉對排列，直犯許渾卑陋之格。七言斐然可觀者，則又蘇長公、陸務觀之淺者耳。」（卷七，頁六）

又比較李攀龍、王世貞二人之作說:

「……滄溟言唐無五言古詩，一句壁立萬仞，唐且無之，宋抑可知已。弇州卻胎乳宋，寢食宋，甚且濫入兔園千家纖鄙形似處，則王、李公標一宗，王已叛李，又不知其又何以爲宗也。弇州既渾身入宋，乃宋人所長者，思致耳。弇州生平所短者，莫如思致。一切差排，只是局面上架過。……」（卷七，頁六）

顯見對李攀龍更有佳評。由於他認爲王世貞「於詩未有所窺」，於評他人詩時，亦常取王世貞詩加以揶揄。如評楊愼《硤石道》:

「逶邐遂入吊古，又以平結。風雅鼓吹，元不居行墨間也。即此詩旨無餘。王元美者，奚皇皇而更索哉！」（卷五，頁二三）

對於何景明詩，評價尤低。最令王氏不滿的，是他的詩風莽撞，王氏稱之爲「渾」。評何景明詩《大祀》時說：

「信陽爲渾之一字所誤，一往莽撞以爲渾。」（卷五，頁十九）

評楊愼《錦津舟中對酒州劉善充》亦說：

「通首渾成，方是作者。何大復但於句句覓渾，何得不入俗。」（卷二，頁九）

故評沈明臣《上灘行》時說：

「何仲默一派，全體落惡劣中。但於句爭唐人，爭建安，古詩即亡於傚古者之手，如新安大賈，烹茶對弈，心魂卻寄鹽絹簿上，雅人固不屑與立談也。」（卷二，頁十三）

評鄭善夫（1485－1523）《即事》時說：

「何仲默、傅木虛、謝茂秦，皆魔民眷屬也。」（卷五，頁二十）

評高叔嗣（1501－1537）《秋郊雨後》說：

「亦漸入錢、劉，然自是錢集中有風度者，高文房一格，何仲默插身錢、劉中，何曾道得渠一句。」（卷五，頁二七）

王氏甚而表示：

「以品言之，於鱗最上，獻吉次、元美次、友夏次、仲默次、伯敬最下。」（評何景明《大祀》語。卷五，頁十九）

何氏的排名不但在二李與王世貞之下，甚至在譚友夏之下，可知王氏對他作品不滿的程度。所以王氏會有以下嚴苛的評何氏的言論，是不足怪的：

「何、李同時并駕。何之取材尤劣，於古詩則蔑陶、謝而宗潘尼，近體則言沈、宋而師羅隱、杜荀鶴，又不得肖，大抵成乎打油釘鉸語而已。」（同上）

這也當是王氏會選李夢陽詩 8 首、李攀龍詩 6 首，而王世貞與何景明詩，只各取 1 首的原因。

王氏尤其不滿羽翼李、何、王、李者，除了譏稱他們爲「重儓」之外，詩評中也多是譏諷貶斥之語。而其中批評到謝榛（1495－1575）與宗臣（1525－1560）等人的不少。如言及李攀龍詩時，曾說：

「……其不幸而以粗豪誕率標魔詩宗派者，正坐爲謝榛、宗臣輩牽率耳。」（評李詩《寄許殿卿》語。卷五，頁三十四）

評梁有譽《暮春病中述懷》詩時亦說：

「如此乃可許之壯。錢世儀精神滿腹，原非夯也。如謝榛詩：檄出漢中鴉作陣，角吹嶺上馬嘶聲；徐中行詩：芙蓉劍口星文亂、霹靂車前殺氣橫；宗臣詩：青山一戰殘鼙鼓，落日千家泣綺羅。但夯而已，何壯之有？壯者如駿馬，才踉地即過；夯者如笨水牯，四蹄入泥一尺。晚唐末流，有羅隱、李山甫、胡曾者，皆夯貨也。宗、謝輩正是渠老牸下犢子耳。……」（卷六，頁二十）

所以在《明詩評選》之中，王夫之根本就不選取謝榛、宗臣、徐中行（1517－1578）等人詩。

王氏對竟陵詩之批評尤烈。評陳子龍詩《江南曲》云：

「……崇禎初，竟陵惡染橫流。」（卷一，頁十五）

就詩評有關文字看來，王氏不滿竟陵者，在它盡廢擬古，封正始元音，而提倡淫媟市巷之語。評錢宰（1299－1366）之《擬客從遠方來》說：

「《十九首》曠世獨立，固難爲和。然以吟者心理求躋己懷於古志，而以清純和婉之心將之，古人亦無相拒之理。李於鱗輩心理不逮，求之無端，競氣躁情，抑不相稱，固已拙矣。竟陵復以浮狹之識，因於鱗而盡廢擬古，是懲王莽而禁人之學，周公不愈悖乎？且竟陵於《子夜》、《讀曲》，一切淫媟市巷之語，字規句矩，而獨以一丸泥封正始之音，安在其舍擬議以將性情邪？」（卷四，頁十九）

在提倡幻、歸、懷、遇、覺、肅、欽、澹、靜、之、乎、其、以、孤光、太古等字。評顧開雝《游天臺歌》說：

「清密如一，尤妙在作恍惚語，仍不入幻。竟陵倡一幻字，誤人不少。」（卷二，頁二一）

評袁宏道《和萃芳館主人魯印山韵》說：

「鍾譚則有歸、懷、遇、覺、肅、欽、澹、靜、之、乎、其、以、孤光、太古等字，舍此則……鍾、譚更無可言詩矣。」（卷六，頁二八）

因此譏刺竟陵有苦言而無深旨。評高叔嗣《宿香山僧房》說：

「排心惜句，得中、晚之髓，亦大不易。如竟陵一派，有苦字無深旨，又烏足以望中、晚哉？」（卷五，頁二七）

譏刺竟陵淫甚媟甚，而無韵致。評劉溴《絕句》說：

「韵勝即雅，竟陵淫媟已甚，亦由韵不足耳。」（卷八，頁七）

評石賽《秋夜》說：

「深夜始多夢，刱獲語，不入荒淫。後來竟陵喜效此，非淫則荒，雅鄭之分在此……」（卷四，頁二五）

幷譏笑竟陵詩人爲措大。評趙南星《灌園》道：

「衣食生君臣，忠孝復何有？使納入《詩歸》中，必爲鍾、譚所推獎。然鍾、譚實不知此種語有風雅者，有酸餡者，作何分別。一以靈快賞之，走死措大於荆榛，何嗟及矣！」

(卷四,頁三八)

評王世懋(1536－1566)《橫塘春泛》道:

「關情是雅俗鴻溝,不關情者,貌雅必俗。然關情亦大不易。鍾、譚亦未嘗不以關情自賞,乃以措大攢眉市井附耳之情爲情,則插入酸俗中爲甚。情有非可關之情者,關焉而無當,於關又奚足貴哉!」(卷六,頁二一)

但於鍾、譚二者,王夫之又有明顯高下之判別,稍爲肯定譚友夏而更加排斥鍾惺,用王氏的話說,就是還需要在涇水之中分出涇中之渭。評譚友夏《安慶》道:

「人自有幸有不幸,如友夏者,心志才力所及,亦不過爲經生,爲浪子而已。偶然吟咏,或得慧句,大略於賈島,陳師道法中依附光影,初亦何敢以易天下。古今初學詩人如此者,亦車載斗量,不足爲功罪也。無端被一時經生浪子,挾庸下之姿,妄篡風雅,喜其近已,翕然宗之。因昧其本志而執牛耳。正如更始稱尊,冠冕峨然,而心懷忸怩,諒之者亦不能爲之恕已。伯敬自是種性入魔,佛出世亦不能度。友夏爲其所攝,狂謬中尚露本色,得良友挾持之,幾可與陳仲醇、程孟陽并驅。其不能爾,且不至作蛇虎夜深求懺度,估客孝廉佯不問,遙天峰沒卻如空,等語。而伯敬公然爲之,曾無愧耻。言鍾、譚者,不可不分涇中之渭也。」(卷七,頁八)

所以王氏於《明詩評選》中,還選取譚友夏詩作1首而全不取錄鍾惺詩。

## (四)

由於不滿文壇樹立門庭,及嚴苛批評明詩三變的有關詩人作品，他對那些能不受這種詩風影響的詩人及詩作就力表贊揚。於評蔡汝楠（1516－1555）《報恩寺塔》時，就盛贊蔡氏能獨立於七子之外，不爲所染：

> 「安頓清圓，方可許之雄麗。以此輸攻歷下，直令墨守無權。白石自一代偉人，如裴晉公立元稹、白敏中間，正以衿度壓其躁競。」（卷五，頁三三）

又評蔡氏另一首《晚過施子》時也說：

> 「用事無用事氣，收落自然。王元美譏公詩晚攻錢、劉，正皮相此等詩耳。且白石即攻錢、劉，亦踞錢、劉上，不至如弇州屈膝蘇子瞻、陸務觀簷下也。公與皇甫子安，力摩琅琊之壘，雅道乃有中興之望。」（同上）

評王韋《芙蓉閣》時說：

> 「文心筆妙，獨立弘、正間，眞舞鶴之視斗鷄也。」（卷五，頁二二）

贊祝允明及一些詩人之不苟同何景明、李夢陽，於評其詩《述行言情詩》「績勛惟在力」一首時說：

> 「空千年，橫萬里，僅有此作。要一一皆與漢、魏人同條共綫。當枝山之時，陳、王講學，何、李言詩，不知俱但拾糟粕耳。眞理眞詩，已無有容渠下口處。」（卷四，頁二七）

又評同詩「高閎衆祥集」一首說：

> 「……弘、正間，希哲、子畏、九逵領袖大雅，起唐、宋之衰，一掃韓、蘇淫詖之響。千秋絕學，一縷系之。北地、信陽尚欲赬頰而爭誠，何爲邪？」（同上）

贊出自王世貞門下而又能不受其影響之張元凱說：

> 「……古詩一脈，斬於嘉、隆。此公亦弇州門下客，不肯

投入偽建安胎中，獨留心斂縱，雖未備體古人風旨間，一扣高、岑之壘，乃其紹高、岑以入漢、晉，固非弇州所知也。……知此，則知左虞非僅弇州門下客矣。」（評張氏《志別》詩語。卷四，頁三八）

甚至以徐渭詩矯枉過正之處理，亦歸咎於王世貞。評徐渭《俠客》:

「安詳包孕，文長固有此古人手筆。顧以弇州標偽建安之目，籠罩天下士。文長傲岸，不屑入其籬下，矯枉過正，遂以唐、宋人刻劃飛揚之體，唯恐七竅不即鑿死，大損五言風軌，故欲按文長稱兵之過，先誅弇州激變之辜。」（卷四，頁三八至三九）

而贊朱陽仲《長門怨》詩時說:

「不可竟作比說，即此是述情事，即此似可作比。空微想象中，忽然妙合，必此乃辦（辨）作詩。嘉靖中，天下自有如此人才，不向弇州挂籍，弇州亦收渠不得。」（卷八，頁十八）

可知他對能獨立於門派之外有識之士的高度推崇。

對不受竟陵影響之詩人詩作也是如此。於評徐渭《寫竹贈李長公歌》云:

「四句後不復及寫竹，末雖敘明亦不繳上意。此是要離焚妻子手段。仙才俠骨，馳騁風雲。自有醋（措）大以來，能不醋（措）者，渭一人而已。」（卷二，頁十六）

故稱贊陳子龍（1608－1647）之力挽竟陵狂流:

「……崇禎初，竟陵惡染橫流，臥子鳴孤掌以止狂波，才實堪之，不但志也。」（評陳氏《江南曲》一詩語。卷一，頁十五）

也於評李雯詩《古別離》時盛贊陳子龍、李雯等雲間詩人之功：

「不序事，不發議。一色以情中曲折，立宛轉之文。此道自竟陵椓喪殆盡。雲間起白骨而肉之功，不在岐黃下矣。」（同上）

相反的，類如七子、竟陵之講宗派、倡狂傲等的陋習的其他詩派或詩風，也遭到王氏的抨擊。如對景泰十子⑩，王夫之於評屠隆（1542－1605）《重過桃江別業》時說：

「生來自帶俠氣、逸氣，以學青蓮即得，亦當看其細潤高簡處。景泰中有十狂人，自號才子，唯粗燥煩沓耳。正於此爭雅俗一大疆界。」（卷二，頁十二）

評桃花仕女《絕句》說：

「……景泰時，風雅道絕，如劉溥，湯胤勣之流，自稱才子者，即以十斛純灰，滌其肺腸，亦不能得。」（卷八，頁二六）

而對啓景泰十子之陋或受景泰十子影響的詩風，也力加苛評。評解縉《怨歌》云：

「藏吐有風裁。永樂初，大紳光大風韵自存。向後諸公，采掇近似套語以供應制，而詩遂爲之絕，以啓景泰十子之陋，將道泰則文否，兩者不幷立乎。」（卷一，頁十）

評桑悅《感懷》云：

「成、弘之際，風雅道展，上沿景泰十狂人之陋，一切以囂凌鹵莽相長。」（卷四，頁二六）

對林鴻等所提倡之閩派詩⑪，亦表反感。如評林鴻之《塞上逢故人》云：

「子羽，閩派之祖也。於盛唐得李頎，於中唐得劉長卿，於晚唐得李中。奉之爲主盟，庸劣者翕然而推之，亦與高廷禮互相推戴。……千秋以來,作詩者但向李頎墳上酹一滴酒,即終身洗拔不出,非獨子羽、廷禮爲然。子羽以平緩而得沓弱;何大復、孫一元、吳川樓、宗子相輩,以壯激而得頑笨;鍾伯敬飾之以尖側,而仍其莽淡;錢受之游之以圓活而用其疏梗;屢變旁出,要皆李頎一鐙所染。他如傅汝舟、陳昂一流,依林、高之末焰,又不足言已。吾於唐詩深惡李頎竊附孔子惡鄉願之義,覩其末流,益思始禍。區區子羽者流,不足誅已。」(卷五,頁十三至十四)

評王偁《晚宿雙峰驛樓與故人陳哲言別》:

「孟陽、子羽、安中、彥恢,皆閩詩鼻祖也。一瓣香俱從唐人拈起,便落凡近。而於唐人,又揀錢、劉爲宗主,卑弱平俗,益不可耐,相對正令人生氣都盡。」(卷四,頁二四)

評鄭善夫《寒食與木虛登屴崱峰遂餞公衡》道:

「閩中一派,昔乏英氣,子羽、叔揚斯以不能長鳴藝苑。……」(卷六,頁十七)

而評孫蕡(1334-1389《南京行》道:

「……成化以降,姑蘇一種惡詩,如盲婦所唱琵琶絃子詞,挨日頂月,謰謱不禁,長至千言不休、歌行憊賤,於斯極矣。」(卷二,頁六)

他要求時人要善學杜,以及批評不善學杜而造成詩風之陋習,也是如此。評鄭善夫《即事》時表示:

「杜有上承必簡翁翁正宗詩,有下開盧同、羅隱魔道詩。自非如繼之者,必墜魔道,何仲默、傅木虛、謝茂秦,皆魔民眷屬也。善學杜者正當學杜之所學。」(卷五,頁二十)

此是要求後人應善學杜。評楊基《客中寒食有感》時表示：

「國初藝苑，以高、楊、張、徐幷稱四才。楊之於高，聲氣之交耳，殆猶富儈之視王孫，邸妓之擬閨秀，清濁異流久矣。蒙古之末，楊廉夫始以唐體杜學救宋之失。顧其自命曰鐵，早已搏戟張拳，非廓清之大器；然其所謂杜者，猶曲江以前秦州以上之杜也。孟載依風附之，偏竊杜之垢膩以爲芳澤，數行之間，鵝鴨充斥，三首之內，柴米喧闐。冲口市談，滿眉村皺。……嗚呼！詩降而杜，杜降而夔府以後詩，又降而有學杜者，學杜者降而爲孟載一流，乃栩栩然曰：吾學杜，杜在是，詩在是矣。又何怪乎近者山左兩河之間，以爛棗糕酸漿水之脾舌，自鳴風雅，若張、王、劉、彭之區區者哉！操觚者有耻之心焉，姑勿言杜可也。」（卷六，頁十）

也譏刺詩人之學元稹、白居易、賈島、孟郊等人詩。評祝允明《董烈婦行》道：

「長篇爲放元、白者，敗盡。挨日頂月，指三說五，謂之詩史，其實盲詞而已。」（卷二，頁八）

評徐渭《沈叔子解番刀爲贈》道：

「……學杜以爲詩史者，乃脫脫宋史材耳。杜且不足學，奚況元、白？」（卷二，頁十六）

評劉璉《自武林至丁郭舟中雜興》：

「國初詩，有直接魏、晉者，有直接初唐者，後來苦爲僞建安，僞高、岑、李、杜一種粗豪抹殺，故末流遂以僞元、白，僞郊、島承之，而泛濫無已，不可方物矣。……」（卷五，頁一）

至於不滿詩人落入李欣頎、許渾之窠臼者，前已言及，此不復述。

## (五)

明、清選詩風氣極盛，選錄有明一代之作者也不少。單是明末清初這段時期，有錢謙益（1582－1664）的《列朝詩集》、陳子龍、宋徵輿、李雯共同選批的《皇明詩選》、朱彝尊（1627－1709）的《明詩綜》、彭孫貽的《明詩鈔》，等等。各選者的詩觀，選詩的標準不同，評詩的見解也不同。錢謙益不滿七子，推崇高啓、劉基，爲貶斥七子，乃高尊七子之首李夢陽的老師李東陽的詩作，其去取標準，常遭後代論者選詩者的非議；⑫陳子龍等選的《皇明詩選》，推崇前後七子之貢獻，所以選七子中人之詩極多，李攀龍、何景明、李夢陽、王世貞等四人詩，均居榜首，名列前十名者尙有謝榛、吳國倫、徐禎卿等人，羽翼前後七子者亦得到佳評。⑬朱彝尊《明詩綜》則采取折衷平和的態度，所選詩人當中，詩數最多并名列前二名者，爲高啓和劉基；名列第三、四者則爲李夢陽與何景明⑭。王夫之《明詩評選》雖然推崇劉基和高啓，而不滿前後七子，有類錢謙益的《列朝詩集》，實則有很大的不同。王夫之論詩主詩有其特質，雖是言志，但言志并不保證所寫的必定成爲好詩，關鍵在於是否能和緩出之，曲折出之，是否能神行象外，不著形迹，落人意想之外，因此不滿以詩代史，不滿以「詩史」一詞來稱譽前人的詩作，不滿受錢謙益所極力推崇的夔州以後的杜詩，認爲好詩多在《三百篇》，在漢魏，在初唐，他的選詩評詩的標準，主要就是依此在爲據點出發。⑮

無論如何，從詩選，我們不但可以察覺詩者的詩觀，也可以了解選者選詩的標準以及他們對詩人詩作之具體批評。我之所以強調詩選的詩論價值，道理就在此點。於分析王夫之《明詩評選》後，我更堅定我的看法。

【註　釋】

①楊松年《王夫之詩論研究》（臺北：文史哲出版社，1986）。

②楊松年《中國古典文學批評論集》（香港：三聯書店，1987），頁 74－108。

③周調陽《船山著述考略》。《王船山學術討論集》（北京：中華書局，1965），頁 500。

④湖南省博物院《王船山年表》。同註③。頁 593。

⑤《船山全書》（上海：太平洋書店，1933）。

⑥同註③。頁 501。

⑦金陵刻本，上海太平洋書店排印本《船山遺書》均收有鄧顯鶴《船山著作目錄》。

⑧王夫之《薑齋詩話》卷下。見《淸詩話》本（北京：中華書局，1963），頁 15。

⑨七子有前、後七子，前七子包括弘治朝之李夢陽、何景明、徐禎卿、邊貢、康海、王九思、王廷相等七人。後七子爲嘉靖朝之李攀龍、王世貞、謝榛、宗臣、梁有譽、徐中行、吳國倫等七人。詳見《明史》〈王世貞傳〉。

⑩景泰十子，有劉溥、湯胤勣、沈愚、蘇平、蘇正、晏鐸、王淮、王貞慶、蔣主忠、蔣主孝等人。見錢謙益《列朝詩集小傳》。

⑪閩人林鴻等倡唐詩，時稱閩中十子。閩中十子指林鴻、陳定、唐泰、鄭定、王褒、高棅、王偁、王恭、黃玄、周玄等人。袁表、馬熒輯有《閩中十子詩》。《四庫全書》本。

⑫王士楨《居易錄》云：「牧齋訾謷李、何，則并李、何之友如王襄敏、孟

大理輩而俱貶之；推戴李賓之，則并賓之門生顧文僖而俱褒之。他姑勿論，《東江集》，子所熟觀，詩不過景泰、成化間拖沓冗長之習，由來談藝家何嘗推引？而遽揚之王子衡、孟望之之上，豈以至天下後世人盡聾瞽哉?」(該書卷二十)。

⑬參閱楊松年《中國文學評論史編寫問題論析：晚明至盛清詩論之考察》（臺北：文史哲出版社，1988)，頁 33－34，又頁 44－49。

⑭同⑬。頁 32－33。又頁 42－44。

⑮有關王夫之於評選詩所持之詩論詩觀，詳見拙著《王夫之詩論研究》，此不具述。

# 王夫之《明詩評選》與錢謙益《列朝詩集》的比較研究

很高興地向參與學術討論會的學者宣布：在經過一段時間的探索之後，我經已發現王夫之（1619－1692）《明詩評選》的選詩底本，是錢謙益（1582－1659）的《列朝詩集》。這發現比之於許多重大的發明，當然是微不足道的，不過它對於我的王夫之詩論的研究，特別是對他的明詩選評的研究，卻是相當的重要，因爲它不但可以使我更能深入地探研王夫之的選詩標準，也使得這篇文章的寫作成爲可能。

## 一、《明詩評選》的底本為《列朝詩集》說

錢謙益於明天啓初年開始着手編輯明詩，中間停了二十多年，於順治三年（1646）才繼續編撰，至清順治六年（1649）完成。《列朝詩集序》云：

「山居多暇，撰次國朝詩集幾三十家，未幾罷去，此天啓初年事也。越二十餘年，而丁開寶之難。還宇版蕩，載籍放失，瀕死頌系，復有事於斯集。托始於丙戌，徹簡於己丑，乃以其間論次昭代之文章，搜討朝家之史乘。」①

該書於順治九年（1692）由毛晉（1599－1659）汲古閣刊印出版。

王夫之晚年多讀前代詩集，并加評選。曾載陽曾記述王氏晚年讀書與評詩的情況云：

「子船山先生初徙茱萸塘，同里劉庶仙前靠（輩）近魯藏

書甚多，先生因手選唐詩一帙，顏曰『夕堂永日』。夕堂，子先生之別號也。繼又選古詩一帙，宋、元詩、明詩各一帙，而暮年重加評論，其説尤詳。」②

王夫之徙居茱萸塘，是順治十七年（1660）的事。③從上舉的曾載陽的話，可知他在徙居茱萸塘後的一段期間，在劉近魯家遍閱歷代詩集。劉近魯當藏有錢謙益的《列朝詩集》，所以王夫之得以閱讀此集，并進行選輯的工作。然而，王夫之評論所選明詩，或者更確切地說，完成明詩的評論工作，是「暮年」的事。王氏在《夕堂永日緒論序》中表示：

「閱古今人所作詩不下十萬，經義亦數萬首，既乘山中孤寂之暇，有所點定。」④

《序》作於庚午康熙二十九年（1690），時王夫之七十二歲。所選評的明詩選集，初名《夕堂永日明詩選評》，清鄧顯鶴（1777－1851）《船山著述目錄》所錄，即此書名。⑤此書面世甚晚。清代的幾個船山遺書刻本，都不見此集。辛亥革命前後，劉人熙在湖南長沙得數種船山所選詩文集，及清代船山遺書所未收之其他船山之遺著，并加鉛印出版，但流行不廣。唯其中的明詩選集，書名已定為《明詩評選》。上海太平洋書局於1933年用鉛字重印此集，書名亦作《明詩評選》。本文所據《明詩評選》，取上海太平洋書局的印本。

毛氏汲古閣刊印的《列朝詩集》，流行甚為廣久。至今歷史較為悠久的各大圖書館多藏有此集。此書亦有晚清的一些排印本，民國初年楊家駱編上海世界書局影印毛氏汲古閣本，1989年由顧廷龍主編，由三聯書店上海分店據毛氏汲古閣本的重印本。三聯書店本書後附有此書所收詩的篇名與詩人姓名的綜合索引，檢查甚為方便。本文所析《列朝詩集》，即據此本。

錢謙益的《列朝詩集》，編選原則是「以詩系人，以人系傳」，「備典故，采風謠」。⑥因此所選明代詩人與詩作特多。全集共分：乾集、甲集前編、甲集、乙集、丙集、丁集、閏集七部分。計選詩人1659人，詩作23287首。王夫之《明詩評選》選明代詩人230人，詩作1112首。⑧拿兩書比較，可以明顯地看出《明詩評選》係根據《列朝詩集》爲底本編選而成。

⑴《明詩評選》所選230位詩人，除了李雯、陳子龍（1608－1644）、文震孟（1754－1636）、顧開雝、蔣鳴玉、曹勛、黃淳耀（1605－1651）、倪元璐（1593－1644）、沈自然、朱隗等十人之外，均見於《列朝詩集》。而李雯等十人，系晚明清初的人物。王夫之選這幾位詩人以及他們的作品，目的在補充錢氏詩選在這方面的眞空。⑨

⑵《明詩評選》所選詩作1112首，其中除了陳子龍的《江南曲二首》，李雯的《古別離》，顧開雝的《天目話舊同方稚華兪再李》、《柳生歌》、《游天臺歌》、《東飛伯勞歌》、《雲都詞》，蔣鳴玉的《雜謠》，黃淳耀的《和陶飲酒》，曹勛的《古詩》，文震孟的《擬古》，王思任（1574－1646）的《薄雨》、倪元璐的《送徐水部新婚奉使荆關》、《白門出城登松風閣時爲清明前五日》，朱隗的《舟月散思》，譚元春（1586－1637）的《安慶》，董斯張（1586－1628）的《明君咏》，沈自然的《夜泊有懷》等19首之外，餘者均見於《列朝詩集》之中。而除了王思仁與董斯張之外，其餘的幾位都是錢謙益所沒有收錄的詩人。

⑶《明詩評選》所選詩作中，有些全依據《列朝詩集》，或大部分依據《列朝詩集》。如《列朝詩集》取李汎詩一首《江上懷釣隱翁》，《明詩評選》亦只是取李汎的這一首詩。《列朝詩集》取殷弼詩一首：《望海》；而《明詩評選》亦只選取殷弼的同一首

詩。《列朝詩集》取杭淮一首詩《送徐石東僉憲湖南分賦得瀟湘》,《明詩評選》所選取的唯一的杭淮的詩作亦是此首。《列朝詩集》取孫承恩詩作 2 首,《明詩評選》取一首《江上曲》,此一首也是《列朝詩集》所選的其中 1 首。《明詩評選》取劉薦詩作一首,《列朝詩集》取劉薦詩 2 首,其中一首《會寧道中別姜惟清主事》亦是《明詩評選》所選取者。而《列朝詩集》取許繼詩作 30 首,《明詩評選》選取許繼詩 13 首,這 13 首全見於《列朝詩集》所取的 30 首中。

(4)從《明詩評選》的詩作評語與《列朝詩集》的有關論評比較,可以知道《明詩評選》實本於《列朝詩集》。《明詩評選》評湯顯祖的《邊市歌》云:

> 「敍議詩不損風韻,以元、白形之,乃知其妙。錢受之謂公詩變而之香山、眉山,豈知公自有不變者存。」(該書卷二,頁十八)

《列朝詩集》湯顯祖小傳云:

> 「義仍少熟《文選》,中攻聲律。四十以後,詩變而之香山、眉山,文變而之南豊。」(《列朝詩集小傳》丁集中,頁 563。北京:中華書局,1959 年)

《明詩評選》評高叔嗣《得張子家書》云:

> 「子業少問字於空同。空同以古學自任,何嘗到此。」(卷五,頁二六)

《列朝詩集》高叔嗣小傳云:

> 「子業少受制於李獻吉。」(丁集上,頁 371)

《明詩評選》評周復俊《咏落葉》云:

> 「子吁服膺用修,故所得自別。」(卷四,頁三四)

《列朝詩集》周復俊小傳云:

「復俊……至滇中，交楊用修，雅相矜許。」（丁集上，頁401）

《明詩評選》評蔡汝楠《晚過施子》云：

「王元美譏公詩晚攻錢、劉。」（卷五，頁三三）

《列朝詩集》蔡汝楠小傳云：

「元美謂子木少年雅慕建安，晚始陶洗，攻錢、劉，索然易盡。」（丁集上，頁419）

由以上的敘述可以證明，王夫之顯然曾經讀過《列朝詩集》。

然而，王夫之選集明詩，雖然是以《列朝詩集》爲依據，但所選詩作亦有與《列朝詩集》不同者：

⑴詩篇誤置於詩人名下者：

《明詩評選》卷二列陳秀民詩作 8 首：《送遠曲》、《悲歌》、《打麥詞》、《采茶詞》、《太白》、《劉松年畫》、《與客飲西園花下》及《鑿渠謠》。其中除了《送遠曲》爲陳秀民所作之外，其餘 7 首，其實爲高啓之作。《明詩評選》即將此 7 首列爲高啓所作。

⑵誤將一人兩名，分列爲二人者：

《明詩評選》卷二取朱陽仲《楊花篇》一首，卷七取朱青城《西湖采蓮曲》一首，卷八取朱陽仲《長門怨》、《長干曲》2 首。朱青城實爲朱陽仲之別名。《列朝詩集》列《西湖采蓮曲》於朱陽仲名下，而《明詩評選》則誤列爲二人。

⑶沒看清楚《列朝詩集》之詩題而逕作「失題」者：

《明詩評選》卷六選郭文詩一首，題作《失題》，查《列朝詩集》，郭文該詩詩題不失，作《常州旅宿》。

⑷詩人名稱與《列朝詩集》有異者：

《明詩評選》卷八取湯珍詩一首。《列朝詩集》湯珍作湯眞。

(5)詩題與《列朝詩集》有異者：

《明詩評選》中，有些詩題與《列朝詩集》不同。其中有一些是簡化了的。如《明詩評選》卷四高叔嗣《病起》，《列朝詩集》作《病起偶題》；《明詩評選》卷五張治詩《秋日登城樓》，《列朝詩集》則作《秋日登城樓用南田韵》；《明詩評選》卷六張含詩《甲申仲冬》，《列朝詩集》作《甲申仲冬聞雷兼得北來消息》；《明詩評選》卷六蔡汝楠《南岳》，《列朝詩集》作《游南岳》。有一些詩題的文字與《列朝詩集》不同者，如《明詩評選》卷二尹嘉賓《前湖詞》，《列朝詩集》作《前湖詩》；卷四高叔嗣《古歌》，《列朝詩集》則作《古詩》；卷五王微《游牛首春江寓目》，《列朝詩集》則作《游牛首春江即目》；同卷鄭善夫《聞江西亂》，《列朝詩集》作《聞西江亂》。有較《列朝詩集》爲複雜者，如《明詩評選》卷六李禎《從皇太子駕幸朝天宮祭星》，《列朝詩集》只作《駕幸朝天宮祭星作》。

## 二、《明詩評選》與《列朝詩集》體例之比較

錢謙益《列朝詩集》接受程嘉燧（1565－1643）的建議，仿金元好問（1190－1268）《中州集》之體制，以詩繫人，以人繫傳。該書《序》云：

「毛子子晉刻《歷朝詩集》成，余撫而嘆。毛子問曰：夫子何嘆？余曰：有嘆乎？余之嘆，蓋嘆孟陽也。曰：夫子何嘆乎孟陽也？曰：錄詩何始乎？自孟陽之讀《中州集》

始也。孟陽之言曰：元氏之集詩也，以詩繫人，以人繫傳，中州之詩，亦金元之史也。吾將仿而爲之，吾以采詩，子以庀史，不亦可乎?」(頁 1)

既然希望以詩繫人，以人繫傳，以詩庇史，則以備典故，采風謠爲己任。是以此集不稱「選」而稱「集」。《序》云：

「然則何以言集而不言選？曰：備典故，采風謠，汰冗長，訪幽仄，鋪陳皇明，發揮才調，愚竊有志焉；討論風雅，別裁僞體，有孟陽之緒言在，非吾所敢任也。」(同上)

因此詩集選各家作品特多，所容納之詩人亦衆。詩集中共分七集：乾集。又分上、下二部。乾集之上，收帝王之詩作；乾集之下選諸藩王之作。甲集前編收元末明初遺老的作品，分十一部，其中甲集前編之七與甲集前編之八又分上、下兩部分；甲集收明代詩人詩作，分二十二部，其中甲集之四分上、中、下三部，甲集之五分上、下子部。乙集至丁集，亦取明代士人之作。乙集分八部。丙集分十六部。丁集分十六部，其中丁集之十三又分上、下二部。閏集分六部。閏集之一取高僧、道士之作；閏集之二取高僧、名僧之作；閏集之三取高僧、異人、金陵法侶、名僧之作；閏集之四取香奩之作；閏集之五取宗室、內侍、青衣、傭書、無名氏之作；閏集之五取神鬼、外夷如滇南、朝鮮、日本、交趾、占城等國家詩人、使者之作。《列朝詩集》選取詩人與詩集衆多，是在此之前各明詩選集之最豐富者，但它不是全面的收取，而完全沒有去擇。《列朝詩集》王象春小傳云：

「季木則如西域波羅門教邪師外道，自有天庭，終難皈依正法。季木問山亭詩，不下數千篇，而余錄之斤斤者，誠不忍以千古之事，累亡友於無窮也。」(丁集下，頁 654)

可知他選詩是有所刪汰，也有其原則的。同書張九一小傳云：

「後五子之詩，皆沿襲七子格調，而余、魏尤卑弱，茲集無取焉。」（丁集上，頁 440）

可知他對選取詩人也是有所取擇刪汰的。

《明詩評選》的編排，系以詩體分卷。共有八卷。

卷一爲樂府　　選秦簡王等 28 人的詩作 74 首。

卷二爲歌行　　選劉基等 34 人的詩作 81 首。

卷三爲四言　　選劉基等 6 人的詩作 17 首。

卷四爲五古　　選劉基等 65 人的詩作 228 首。

卷五爲五律　　選潘親王等 102 人的詩作 257 首。

卷六爲七律　　選潘親王等 73 人的詩作 179 首。

卷七爲五絕　　選劉基等 36 人的詩作 63 首。

卷八爲七絕　　選寧獻王等 96 人的詩作 213 首。

扣去各卷中重複的詩人，《明詩評選》計選 230 位明代詩人詩作 1112 首。書中各卷詩人次序之編排，亦以世次先後爲準。

《列朝詩集》的體例，旣然重在以詩繫人，以人繫傳。因此，於載列各詩人之詩作之前，先記有關詩人之小傳。所列之詩人小傳，包括以下幾方面：

⑴小傳：記字號、年里、官爵、著作、交游等；

⑵評語：評詩人作品及論詩主張。雖有引及前人者，多屬本身的意見。

茲舉一例如後，以見其詳：

「馮通判惟敏惟敏，字汝行，惟健之弟也。領山東鄉薦，知淶水縣，改教潤州，遷保定府通判。汝行善度近體樂府，盛傳於東郡。王元美謂李尚寶先芳、張職方重、劉侍郎時達，此調皆可觀，而惟重獨爲傑出。其板眼務頭，攛搶緊緩，無不曲盡，而才氣亦足以發之。余所見《梁狀元

不伏老》雜劇，當在王渼陂《杜甫春游》之上。詩雖未工，亦齊魯間一才人也。」（丁集上，頁390）

這些詩人小傳，很能反映錢氏的詩觀。所以錢陸燦特將之整理刊印，別成一書，名爲《列朝詩集小傳》，并指出其重要性云：

「《列朝詩集》小傳，先族祖牧齋公，……發其家所藏故明一代文人之集，就其詩而評隲之，宗其姓氏爵里平生，與其傳之得失，爲小序以發其端。……今上五、六年間，余移家金陵，周元亮侍郎，方爾止文學，聚而商於余曰：君家是書，合之詩，則錢之詩序也而可；離之詩，則續《初學》、《有學》集之後而可；否則孤行其書，爲青箱之本，枕中之秘，無不可。」（頁1）

《明詩評選》無詩人小傳，僅於載列詩人之詩作後，就此詩給予評論。王夫之於所作《薑齋詩話》言及詩之鑒賞與分析時說：

「作者以一致之思，讀者各以其情而自得。」⑩

詩作的鑒賞與分析可依讀者（分析或評論）的不同角度而進行賞析。他在各詩作之後的評論就呈現如此的特色。評論中王氏就詩論詩，提出他對有關詩作，以及當時文壇等等的意見。茲舉一例於後，以加說明。如評袁凱《鷄鳴》云：

「李獻吉謂凱詩學杜，非也。凱詩正自沈約來。約散弱爲宋人祖，凱澹緩中有斂束，乃賢於約。此章純純，無筆墨痕。學杜者何足以及之。」（卷一，頁六）

## 三、《明詩評選》與《列朝詩集》選詩評詩之比較

《明詩評選》雖然是依據《列朝詩集》而成，同時《明詩評選》的一小部分評論亦有依據《列朝詩集》的小傳發揮的痕迹，

但是王氏在詩選上，卻能本於他個人的見解，來進行選錄的工作。

《列朝詩集》選詩最多的前十名的詩人爲：

| | 詩　人 | 詩　數 |
|---|---|---|
| (1) | 高　啓 | 871 |
| (2) | 劉　基 | 559 |
| (3) | 李東陽 | 347 |
| (4) | 楊　基 | 327 |
| (5) | 袁　凱 | 304 |
| (6) | 張　羽 | 240 |
| (7) | 程嘉燧 | 215 |
| (8) | 王穉登 | 203 |
| (9) | 楊　愼 | 179 |
| (10) | 王　逢 | 175 |

《明詩評選》選詩最多的前十名詩人爲：

| | 詩　人 | 詩　數 |
|---|---|---|
| (1) | 劉　基 | 85 |
| (2) | 高　啓 | 75 |
| (3) | 楊　愼 | 40 |
| (4) | 湯顯祖 | 37 |
| (5) | 徐　渭 | 31 |
| (6) | 楊維楨 | 29 |
| (7) | 沈明臣 | 25 |
| (8) | 蔡　羽 | 21 |
| (9) | 祝允明 | 20 |
| (10) | 王穉登 | 20 |

王夫之與錢謙益雖然同樣取錄高啓（1366－1374）與劉基（1311－1375）的作品最多，但是其中有明顯岐異之處。錢謙益在小傳中，對高、劉兩人大加贊揚。如引王子充評高氏語云：

「季迪之詩，雋逸而清麗，如清空飛隼，盤旋百折，招之不肯下；又如碧水芙藻，不假雕飾，修然塵外。」（甲集，頁 75）

又引謝徽評語云：

「季迪之詩，緣情隨事，因物賦形，橫從百出，開合變化。其體制雅醇，則冠裳委蛇，佩立而長裾也。其思致清遠，則秋空素鶴，回翔欲下，而輕雲霽月之連娟也。其文采縟麗，如春花翹英，蜀錦新滌；其才氣俊逸，如泰華秋隼之孤騖，昆侖八駿追風躡電而馳也。」（同上）

又引李東陽之言云：

「國初稱高、楊、張、徐。高才力聲調，過三人遠甚。百餘年來，亦未有見然有過之者。」（同上）

評劉基詩作云：

「……（劉基）爲詩，悲窮嘆老，咨嗟幽憂。昔年飛揚之氣，　然無存者。豈古之大人志士，義心苦調，有非尋常竹帛可以測量其淺深者乎？嗚呼！其可感也。」（甲前集，頁 13）

然而，王氏的《明詩評選》，在論及劉基與高啓兩人作品的特出之處時，顯然較之錢氏要來得精細。王夫之對劉基、高啓二人的詩作評價甚高。在《夕堂永日緒論內編》中，就稱贊他們兩人都能自展騏足，不受元人門閥之習所影響，而樹立起明初詩作的獨特風格。其言云：

「建立門庭，自建安始。……沿及宋人，始爭疆壘。……

> 胡元浮艷，又以矯宋爲工，蠻觸之爭，要於興，觀、群、怨，絲毫無當也。伯溫、季迪以和緩受之，不與元人競勝，而自問風雅之津，故洪武間詩教中興。……」⑪

在詩評中，王氏對劉基詩的贊賞尤高：在評其樂府詩《蜀國弦》時，許之爲天才。⑫在評其樂府《大牆上蒿行》時，許其作爲天授而非人力。⑬而當拿其詩與前代詩人詩作比較時，更可見他對劉基詩作推崇的程度。在評其樂府《靜夜思》時，稱贊他奪得《三百篇》與漢人作品之精髓。⑭評其五言古詩《游仙》「娟娟姮娥女」一首時，認爲係屬漢人第一乘之作。⑮并稱他的另一首《正月二十三日得臺州黃元徽書有感》，幾可與《古詩十九首爭席。⑯評其樂府《王子喬》時，更認爲此作可與唐人詩作相比，甚至高於李賀、張籍、韋應物、陳子昂、以及杜甫。⑰王夫之對阮籍，李白詩，評價甚高。於稱贊劉基詩時，也認爲他的作品與阮籍相當。⑱至於其樂府詩《走馬引》，「太白尙遜其峭出」。⑲王氏於劉基諸體詩作中，給予高度推崇的是他的樂府，四言詩和五言古詩之作。所以選他這方面的作品也比較多。在所選的 85 首詩作之中，五言古詩，37 首，樂府 16 首，四言詩 12 首，其他體制的詩作，都在 10 首以下，如七言絕句 8 首，七言律詩 7 首，歌行 3 首，五言律詩與五言絕句各 1 首。而和王氏所選的其他明人詩作比較，劉基五言古詩 37 首，樂府 16 首與四言詩 12 首，亦居各詩人之冠。

王氏對高啓詩的推崇不如劉基，但是評價亦甚高，在評其五言律詩《咏夢》時，許之爲一代詩人。⑳又認爲他的樂府，得《三百篇》、漢人樂府之妙。㉑王氏所選 75 首高啓詩作中，以五言律詩最多，共 29 首，居所有詩人之冠；其次爲七言律詩 11 首，與楊維楨詩數相同，俱爲所有詩人之冠，樂府、五言古詩及七言絕句各10首；五言絕句，5首。王氏比較高啓之五、七言律詩，以他的五言律詩，高於七言律詩，并稱贊前者爲神品。評高氏的七言律詩《丁校書見招晚酌》云：

> 「高五言近體，神品也。七言每苦死拈，時有似許渾者。此詩傲岸蕭森，不愧作家矣。」（卷六，頁八）

所不滿的高啓七言律詩，當是針對其早年之作而言。所以他評高氏之《春來》云：

> 「季迪早歲，七言拘忌不閑。」（卷六，頁九）

總的來說，對高氏的各體詩，王夫之還是比較推崇他的近體之作的。於評張羽《三江口望京闕》時云：「季迪之近體，來儀之古詩，雙羽凌空，是鶴是鳳。」㉒這也是在所選的高氏詩中，選取其五言律詩及七言律詩爲最多的原因。

《列朝詩集》有明詩三變之說：

> 「慶、歷以下，詩道三變，而歸於凌夷　熄。」（丁集中，頁568）

《明詩評選》也有此說。評李夢陽《贈青石子》云：

> 「要以平情論之，北地天才，自出公安下。六義之旨，亦墜一偏，不得如公安之大全。至於引情動思，含深出顯、分脛臂，立規宇，毆俗劣，安襟度，高出於竟陵者，不啻華族之視儈魁。此皇明詩體三變之定論也。」（卷四，頁三十）

然而對這三變中的一些詩人的看法，兩書也有顯著不同的地方。錢謙益評詩的一個重點，在詆毀前後七子。《列朝詩集》對七子極盡醜化之能事。尤其是對七子之代表：李夢陽（1472－1529）、何景明（1483－1521）、李攀龍（1514－1570）、王世貞（1526－1590），抨擊尤烈。例如斥李夢陽之詩文及其文學主張爲摹擬剽賊，爲嬰兒學語，爲桐子洛誦，斷絕天下讀書種子。其言云：

> 「獻吉以復古自命，曰古詩必漢魏，必三謝；今體必初盛唐，必杜，舍是無詩焉。率牽模擬剽賊於聲字句之間，如嬰兒之學語，如桐子之洛誦，字則字，句則句，篇則篇，毫不吐其心之所有。古之人固如是乎？天地之運會，人世之景物，新新不停，生生相續，而必曰漢後無文，唐後無詩，此數百年之宇宙日月盡皆缺陷晦蒙，直待獻吉而洪荒再辟乎？……國家當日中月滿，盛極孽衰，粗材笨伯，乘運而起，雄霸詞盟，流傳僞種。二百年來，正始淪亡，榛蕪塞路，先輩讀書種子，從此斷絕，豈細故哉！」（丙集，頁311－312）

也譏刺何景明的詩說，使到後代謬學泛濫，令後生面背，不知何方。他說：

> 「余獨怪仲默之論，曰詩溺於陶，謝力振之，古詩之法亡於謝；文靡於隋，韓力振之，古文之法亡於韓。嗚呼！詩至於陶、謝，文至於韓，亦可以已矣。仲默不難以一言抹殺者，何也？弘、正以後，僞謬之學，流爲種智，後生面目，偭背不知向方，皆仲默謬論爲之質的也。」（丙集，頁323）

品評李攀龍辟學自師，封古爲是，而刻意揭露其詩作之種種缺點：

> 「《易》云：擬議以成變化，不云擬議以成其臭腐也。易五字而爲《翁離》，易數句而爲《東門行》、《戰城南》。盜《思悲翁》之句，而云烏子五，烏母六，陌上桑。竊《孔雀東南飛》之詩，而云西鄰焦仲卿、蘭芝對道隅。影響剽

賊，文義違反。擬議乎？變化乎？」（丁集上，頁 428）

又云：

「（李）論五言古詩云：唐無五言古詩，而有其古詩。彼以昭明所撰爲古詩，而唐無古詩也。則胡不曰魏有其古詩，而無漢古詩；晉有其古詩，而無漢、魏之古詩乎？……辟學爲師，封古自是，限隔人代，揣摩聲調。論古則判唐、選爲鴻溝，言今則別中、盛爲河漢。謬種流傳，俗學沈錮，昧者視舟壑之密移，愚人求津劍於已逝，此可爲嘆息者也。」（同上，頁 429）

《列朝詩集》也不滿王世貞早年與李攀龍相互推挽，但是肯定他有一定的才學。其言云：

「元美之才，實高於於鱗。其神明意氣，皆足以絕世。少年盛氣，爲於鱗輩撈籠推挽，門户既立，聲價復重，譬之登峻阪、騎危牆，雖欲自下，勢不能也。」（丁集上，頁 436）

四人中，對二李之印象尤劣。因此選四人詩，分別如下：

何景明 102 首
王世貞 70 首
李夢陽 50 首
李攀龍 25 首

《明詩評選》也非常不滿七子。然而在品評七子時，與《列朝詩集》也有不同之處。王氏對前後七子其中一、二人，雖時有佳評，但常以他們爲負面的批評對象看待。如評蔡羽《桑乾河》時說：

「絕不入板障雄壯語，乃知嘉靖七才子，一似金幞頭演宋江，了無生理。」（卷一，頁九）

評梁有譽《咏懷》「阮公嘆廣武」一首時也說：

「全賴一結之深，彼七子者到此，便一直去，悻悻然窮日之力。」（卷四，頁三六）

評徐磷《山家》時說：

「不僅恃思理，亦不僅恃興致。規之極大，入之極沈，出之極曲，乃是眞詩人。足知九逵於此道，已透過一切，紹卿其嫡傳鉅子，自不墜惡道中。當時所稱七才子者，知否？」（卷五，頁三二）

評朱曰藩《鷄籠山房雨霽》「客樓睡起西日曛」一首時說：

「五六入事，點染成致，非七才子輩尋事塡腔活字印板套也。」（卷六，頁二一）

但於前後七子之中，王氏並非一棒壓殺衆人，他認爲有傑出表現的詩人與詩作，則給予贊揚。例如在李（夢陽）、何（景明）、王（世貞）、李（攀龍）四位前後七子的代表者中，就比較欣賞二李。如評李夢陽《贈靑石子》云：

「此亦自關性靈，亦自有餘於風韵。立北地於風雅中，可得斯道一位座，乃苦自尊已甚。推高之者，又不虞而譽，遂使幾爲惡詩作俑，亦北地之不幸。要以平情論之，北地天才，自出公安下。六義之旨，亦墜一偏。不得如公安之大全。至於引情動思，含深出顯，分脛臂，立規宇，毆俗劣，安襟度，高出於竟陵者，不啻華族之視儈魁。」（卷四，頁三十）

評李氏之五言絕句《江行雜詩》時說：

「如此爲雄渾，爲沈麗，又誰得而間之。北地五言小詩，冠冕今古。足知此公才固有實，豐韵亦勝，胸中擎括，亦極自鄭重。爲長沙所激，又爲一群嗆蒜面燒刀漢所推，遂

至戟手赦韊之習成，不得純爲大雅，故曰不幸。」（卷七，頁四）

評李攀龍《寄許殿卿》時說：

「破盡格局，神光獨運。於鱗自有此輕微之思，深切之腕，可以天游藝苑，其不幸而以粗豪誕率標魔詩宗派者，正坐爲謝榛、宗臣輩牽率耳。」（卷五，頁三四）

評李氏之《重別李戶曹》時說：

「亦漸入錢、劉，而風神自腴。此等詩蔑論宗、謝、吳、徐，即元美亦必不能至，以其腕粗指硬，喉嚨陡，腸胃直也。於鱗固有遠神，不容渠輩夢到，又況汪南溟以下，盧柟、李先芳之區區者乎！論嘉靖諸子詩者，當亟爲分別。」（同上）

但對王世貞，則評價不高。於評王世貞詩《閨恨》時云：

「弇州記問博，出納敏，於尋常中自一才士，顧於詩，未有所窺耳。古詩率野，似文與可、梅聖俞；律詩較寬衍，而五言捉對排列，直犯許渾卑陋之格。七言斐然可觀者，則又蘇長公、陸務觀之淺者耳。」（卷七，頁六）

又比較李攀龍、王世貞二人之作云：

「……滄溟言唐無五言古詩，一句壁立萬仞，唐且無之，宋抑可知已。弇州卻胎乳宋，寢食宋，甚且濫入兔園李公標一宗，王已叛李，又不知其又何以爲宗也。弇州既渾身入宋，乃宋人所長者，思致耳。弇州生平所短者，莫如思致。一切差排，只是局面上架過。」（卷七，頁六）

顯見對李攀龍更有佳評。由於他認爲王世貞「於詩未有所窺」，於評其他詩人的詩作時，亦常取王世貞詩加以揶揄。如評楊愼《硤石道》云：

「逶邐遂入吊古，又以平結。風雅鼓吹，元不居行墨間也。即此詩旨無餘。王元美者奚皇皇而更索哉!」(卷五，頁二三)

對於何景明詩，評價尤低。最令王氏不滿的，是他的詩風莽撞，王氏稱之爲「渾」。評何景明詩《大祀》云:

「信陽爲渾之一字所誤，一往莽撞以爲渾。」(卷五，頁十九)

評楊愼《錦津舟中對酒別劉善充》亦云:

「通首渾成，方是作者。何大復但於句句見渾，何得不入俗。」(卷二，頁九)

故評沈明臣《上灘行》時云:

「何仲默一派，全體落惡劣中。但於句爭唐人、爭建安，古詩即亡於傲古者之手，如新安大賈，烹茶對弈，心魂卻寄鹽絹簿上，雅人固不屑與立談也。」(卷二，頁十三)

評鄭善夫《即事》時云:

「何仲默、傅木虛、謝茂秦，皆魔民眷屬也。」(卷五，頁二十)

評高叔嗣《秋郊雨後》云:

「亦漸入錢、劉、然自是錢集中有風度者，高文房一格，何仲默插身錢、劉中，何曾道得渠一句。」(卷五，頁二七)

王氏甚而表示:

「以品言之，於鱗最上，獻吉次、元美次、友夏次、仲默次、伯敬最下。」(卷五，頁十九)

何氏的排名不但在二李與王世貞之下，甚至在譚友夏之下，可知王氏對他作品不滿的程度。所以王氏會有以下嚴苛的評何氏的言論，是不足怪的：

「何、李同時幷駕。何之取材尤劣，於古詩則蔑陶、謝而宗潘尼，近體則言沈、宋而師羅隱、杜荀鶴，又不得肖，大抵成乎打油釘鉸語而已。」（同上）

這也當是王氏會選李夢陽詩 8 首、李攀龍詩 6 首，而王世貞與何景明詩，只各取 1 首的原因。

王氏尤其不滿羽翼李、何、王、李者，除譏稱他們爲「重儓」之外，詩評中也多是譏諷貶斥之語。其中批評到謝榛（1495－1575）與宗臣（1525－1560）等人的不少。如言及李攀龍詩時，曾云：

「……其不幸而以粗豪誕率標魔詩宗派者，正坐爲謝榛、宗臣輩牽率耳。」（卷五，頁三四）

評梁有譽《暮春病中述懷》詩時亦云：

「如此乃可許之壯。錢世儀精神滿腹，原非夯也。如謝榛詩：檄出漢中鴉作陳，角吹嶺上馬嘶聲；徐中行詩：芙蓉劍口星文亂、霹靂車前殺氣横；宗臣詩：青山一戰殘鼙鼓，落日千家泣綺羅。但夯而已，何壯之有？壯者如駿馬，才輾地即過；夯者如笨水牯，四蹄入泥一尺。晚唐末流，有羅隱、李山甫、胡曾者，皆夯貨也。宗、謝輩，正是渠老館牸下犢子耳。」（卷六，頁十五）

所以在《明詩評選》中，王氏根本不選取謝榛、宗臣、徐中行（1517－1578）等人詩。這也和錢謙益同中有異。錢謙益排斥七子，但對謝榛還有好評。《列朝詩集》謝榛小傳云：

「茂秦今體，工力深厚，句響而字穩，七子、五子之流，皆不及也。」（丁集上，頁 424）

所以他又說：

「余錄嘉靖七子之咏，仍以茂秦爲首。」（同上）

因此取錄謝榛詩作 154 首，高踞其他數子之上。

《列朝詩集》選詩，濃烈之個人好惡的色彩使後人對他的一些甄選詩作的標準加以非議。錢謙益不滿前後七子，因此特意推崇受李夢陽批評的李東陽的詩。贊揚李東陽詩時，亦連帶批評李夢陽的作品。如云：

「西涯之詩，原本少陵、隨州、香山、以追宋之眉山、元之道園，兼綜而互出之。其詩有少陵、有隨州、香山，有眉山、道園，而其爲西涯者自在，試取空同之詩，汰去吞剝撏撦吽牙齟齒者，求其所以爲空同者，而無有也。」（丙集，頁 246）

又云：

「禰北地，目論耳食，靡然從風。」（同上）

因此乃選取李東陽詩 347 首，名居選詩最多的第三位。不但如此，錢氏爲了提高李東陽的地位，即連他的門人如石寶、魯鐸、邵寶（1460－1527）、羅玘（1447－1519）、顧清（1460－1528）、以及何孟春（1474－1536），也得到高度的嘉許。《列朝詩集》稱贊這六位詩人云：

「成、弘之間，長沙李文正公續金華、廬陵之後，雍容臺閣，執化權，操文柄，弘奬風流，長養善類，昭代之人文爲之再盛。百年以來，士大夫學知本原，詞尚體要，彬彬焉，彧彧焉，未有不出於長沙之門替也。藁城以下六公，其蘇門六君子之選乎？……錄六公之詩，用以彰一代之盛事。俯仰嘆息，蓋不勝高曾規矩之慨焉。」（丙集，頁 269）

因此乃召來一些詩論者不滿的議論了。如王士禎《居易錄》云：

「牧齋訾謷李、何，則幷李、何之友如王襄敏、孟大理輩而俱貶之；推戴李賓之，則幷賓之門生顧文僖輩而俱褒之。他姑勿論，《東江集》，子所熟觀，詩不過景泰、成化間沓拖冗長之習，由來談藝家何嘗推引？而遽欲揚之王子衡、孟望之之上，豈以天下後世人盡聾瞽哉？」

《列朝詩集》又選程嘉燧詩 215 首，居選詩最多的詩人中的第 7 位。究其原因，其一是程氏系錢氏之好友。錢謙益曾云：

「萬歷丁巳之夏，予有幽憂之疾，負痾拂水山居。孟陽從嘉定來，流連旬月。山翠濕衣，泉流聒枕，相與顧而樂之，遂有棲隱之約。」㉔

其二是《列朝詩集》的編撰，程氏對他有一定的影響。該書錢序云：

「孟陽之言曰：元氏之集詩也，以詩繫人，以人繫傳。中州之詩，亦金源之史也。吾將仿而爲之。吾以采詩，子以庀史，不亦可乎？山居多暇，撰次《國朝詩集》幾三十家，未幾罷去，此天啓初年事也。」㉕

然而，錢氏對程氏之推重，是否太過分呢？前人對此已加批評。朱彝尊（1629－1709）《明詩綜》云：

「孟陽格調卑卑，才庸氣弱。近體多於古風，七律多於五律。如此伎倆，令三家村夫子，誦百翻兔圓册，即優爲之，奚必讀書破萬卷乎？蒙叟深懲何、李、王、李流派，乃於明三百年，特尊之爲詩老。六朝人語云：欲持荷作柱，荷弱不勝梁；欲持荷作鏡，荷暗本無光。得毋類是與？」㉖

又云：

「虞山錢氏謚嘉定程孟陽曰松圓詩老，謂能照古人心髓，若親炙古人而得其指授，嘆爲都未有。新安閔景賢輯明布衣詩，推歸安吳允兆爲中興布衣之冠，是皆阿其所好，不顧千秋之公是公非。以余觀二子之作，以政則魯、衛，以風則曹、檜，陳詩者不廢斯幸矣。」㉗

王應奎（1684－1729）《柳南隨筆》亦云：

「（錢氏）於古人詩極推元裕之，於今人詩極推程孟陽，皆未免過當。」㉘

王夫之在詩選上，就沒有如是的偏差。

## 四、結　語

王夫之秉性忠貞，「志節皎然」㉘。1644年甲申，李自成進克北京，王氏「聞北都之變，數日不食，作《悲憤詩》一百韵。吟已輒哭。後自乙酉、丙戌至壬寅，同原韵凡四續焉」㉙。嘗與管嗣裘舉義軍於衡上，抗拒清兵，兵敗西走㉚。後「知勢愈不可爲，遂決計於林泉」㉛。錢謙益雖然聲名盛於晚明，爲士林所敬重，然而清人進金陵，開門迎降。是忠是奸，後代論者紛紛。志節皎然的王夫之，爲什麼會以錢謙益的《列朝詩集》爲底本來選輯明詩呢？這當爲許多人會提出的問題。我的看法是：王夫之取《列朝詩集》爲底本選錄明詩，純粹是從文學的角度考慮。明代固然還有其他的選集，王夫之是否得見，是一個問題，不過這些選集，所取錄的明詩顯然不像《列朝詩集》的「備典故，采風謠」的全面，當時象《列朝詩集》那樣較爲全面收集明詩之作如朱彝尊的《明詩綜》，王氏顯然也不曾見到。而以錢謙益的聲名來說，《列朝詩集》當然是當時廣受注意的一部選集，也是較多收藏者藏有的選集。王氏在這種情況下要選取明詩，自然會依據這部選集了。

王氏雖然以《列朝詩集》爲底本選錄明詩，在詩選與詩評上，不一定會受到錢謙益的左右。實際上，王氏在許多看法上和錢氏是有顯著的不同的。這在上文的分析中，已經提及，此不重複。要強調的，王氏不但在詩選與詩評上，有和錢氏明顯不同之處，即使對錢氏的詩作，王氏也有非議的言論。《明詩評選》於評程嘉燧《走筆答贈胡京孺》時云：

「自與袁海叟聯鑣，必不寄時人籬下。其遠祖則張謂、劉禹錫也。孟陽詩或從元、白入。近體中如穀雨茶清明一種死對，又投胎許渾。錢受之亦爾。似此者不多得也。」（卷二，頁十九）

評林鴻《塞上逢故人》云：

「子羽以平緩而得沓弱，何大復、孫一元、吳川樓、宗子相輩以壯激而得頑筌，鍾伯敬飾之以尖側而仍其莽淡，錢受之游之以圓活而用其疏梗。屢變旁出，要皆李頎一燈所染。」（卷五，頁十四）

錢謙益較重廣泛收集明詩，雖然其中也有他的去擇取錄的標準。《列朝詩集》書中的小傳，着重在說明詩人生平，兼論及其詩作之風格與成就。王夫之重在依據他對作品的愛惡來選詩，《明詩評選》中所作的評論，是他在讀詩時直接對有關作品與作者的反應。兩書的體例不同，所進行的評論方式也不同，其中所持的論點也有岐異之處。無論如何，兩部詩選都呈現了兩個不同選者的不同選詩標準和兩種不同的文學觀點。

**【註　釋】**

①見顧廷龍等編：錢謙益選《列朝詩集》（上海：三聯書店，1989 年），頁 1。

②引自周調陽《船山著述考略》。《王船山學術討論集》（北京：中華書局，1965），頁 500。

③湖南博物館《王船山年表》。同註②。頁 593。

④王夫之《夕堂永日緒論》。《船山全集》（上海：太平洋書店，1933）。

⑤文收於《船山全集》。見註③。

⑥同註①。

⑦所統計之詩人與詩作數目，包括集中的正選詩人與詩數，附見詩人與詩數，補入詩人與詩數。

⑧依《明詩評選·目錄》。所列詩人應爲 231 人，但由於其中朱陽仲與朱青城實爲同一人之二名。因此詩人總數當爲 230 人。

⑨錢謙益有《吾炙集》，選同時詩友作品。我所見《吾炙集》，系臺灣中央研究院傅斯年圖書館所藏清刊本。其中所收錄詩人與詩作，和王夫之《明詩評選》所取者不同。王氏不是以《吾炙集》爲依據來選取晚明清初之詩人與詩作。

⑩王夫之《薑齋詩話》卷上，見郭紹虞編《清詩話》（北京：中華書局，1963），頁 1。

⑪同註⑩。卷下。頁 15。

⑫《明詩評選》卷一，頁三。

⑬同上註。

⑭同註⑫。卷一，頁四。

⑮同註⑫。卷四，頁二。

⑯同註⑫。卷四，頁三。

⑰同註⑫。卷一，頁二。

⑱見《明詩評選》評劉基《感懷》「結髮事遠游」語。該書卷四，頁一。

⑲同註⑫。卷一，頁三。

⑳同註⑫。卷五，頁十。

㉑見《明詩評選》評高啓《堂上歌行》語。該書卷一，頁六。

㉒同註⑫。卷四，頁十四。

㉓王士禎《居易錄》。卷二十。

㉔錢謙益《耦耕學記》。《初學集》。卷五。《四部叢刊初編》本（上海：商務印書館縮印崇禎癸未刻本），頁 476。

㉕同註①。

㉖朱彝尊《明詩綜》。卷六五，頁七。

㉗同上註。

㉘王應奎《柳南隨筆》卷四。《借月山房匯鈔》本（臺北：義士出版社，1968），頁 26。

㉙鄧顯鶴《船山著述目錄》。同註⑤。

㉚《薑齋公行述》。見楊松年《王敔〈薑齋公行述〉補正》。《王夫之詩論研究》（臺北：文史哲出版社，1986），頁 213。

㉛同註㉚，頁 215。

㉜見潘宗恪《船山先生傳》。《船山全集》（上海：太平洋書店，1933）。

# 中國文學評論中的詩文「窮而後工」說

## ——兼論析與比較清代與前代的有關論說

中國文學批評發展至明、清，進入一個相當繁盛的時期。不僅參與文學論評者多，出現文學評論作品者衆，而且各種各類的文學問題也獲得廣泛與深切的關注與討論。特別是清代，評論者在前人努力耕耘的基礎上，更能深入與持平地審視各種各類的文學問題。再加上這是一個外族入主中原的時期，時代與社會所給予文學評論者的刺激與影響，更是多方面的，也從而激起這些評論者的言論的種種漣猗。詩文「窮而後工」說之在清代所引起的種種反應，就是很好的例子。

(一)

一般人解釋詩文「窮而後工」，多理解爲詩文作者必須經歷困窮的生活經驗，才能寫出成功的文學作品。這理解當然沒有什麼錯失，不過，歷代詩文論者對這個問題的討論，實在要比這表層的理解複雜和豐富得多，而且它不僅是一個純學理的討論的問題，其中更揉雜着當時的知識分子所背負的千多年的文化思想的承擔，以及在重負的思想承擔之下，個人的悲慘遭遇和這思想承擔的矛盾或企圖調協這些矛盾的複雜關係。

自先秦以來，學者都要求知識分子能以「道」自任，并且認爲認爲謀「道」之士，就不應該以「惡衣惡食」爲耻，不應該以處「窮」而自怨。孔子說：

「士志於道，而耻惡衣惡食者，未足與議也。」①

孟子也說:

「無恆產而有恆心者，惟士爲能。若民，則無恆產因無恆心。」②

學者們更要求處於困境的知識分子，絕對不可因此而失去道義之心，而必須進禮受義，敦養德行，以完成完美的人格。荀子就曾以古之賢人爲例提出這項要求。他說:

「古之賢人，賤爲布衣，貧爲匹夫。食則饘粥不足，衣則豎褐不完。然而非禮不進，非義不受。」③

孟子也表示：知識分子不論處於「窮」，或居於「達」，都應該堅守「道」、「義」。他說:

「士窮不失義，達不離道。窮不失義，故士得己焉；達不離道，故民不失望焉。」④

而對知識分子之不能堅守道義的原則，好利而無品者，學者也給予有力的斥責。如荀子就曾斥責當時之士風道:

「今之所謂士仕者，污漫者也，賊亂者也，恣睢者也，食利者也，觸抵者也，無禮義而唯權勢之嗜者也。……今之所謂處士者，無能而云能者也，無知而云知者也，利心無足而佯無欲者也，行爲險穢而強高言謹愨者也，以不俗爲俗，離縱而跂訾者也。」⑤

古代的知識分子，深信《左傳·襄公二十四年》關於三不朽的言論:

「太上立德，其次立功，其次立言，雖久不廢，此之謂不朽。」⑥

認爲文學作品可使他們的聲名流傳於後。曹丕（187－226）在《典論論文》中表示文章乃「經國之大業，不朽之盛事」，因爲「年壽有時而盡，忍辱止乎其身。二者必至之常期，未若文章之無窮」，所以強調：

「古之作者，寄身於翰墨，見意於篇籍，不假良史之辭，不托飛馳之勢，而聲名自傳於後。」⑦

劉勰《文心雕龍·諸子》篇也表示：

「君子之處世，疾名德之不彰。唯英才特達，則炳曜垂文，騰其姓氏，懸諸日月。」⑧

早在東漢的王充（27－97）也說：

「天文人文，文豈徒調墨弄筆爲美麗之觀哉？載人之行，傳人之名也。」⑨

這種力求傳名的心理承擔，與承接先賢傳統的道德承擔的結合，就是詩文論界「窮而後工」說提出的思想基礎。宋代歐陽修（1007－1072）《堂中畫家探題得杜子美》一詩說：

「杜君詩之豪，來者孰比倫。生爲一身窮，死也萬世珍。言茍可垂後，士無羞賤貧。」⑩

強調了「士」雖「窮」但不可有「羞賤貧」的心理，幷且必須致力於詩文的創作，寫出可以「垂後」的「言」。因爲「言苟可垂後」，則「死也萬世珍」。從這裏可以明顯地看到傳名的心理承擔與道義的思想承擔，如何交織在歐陽氏的文學思想之中，幷令他提出詩文「窮而後工」說的軌迹。而古代詩文論者，在論及詩文「窮而後工」時，也多數是環繞在道德的思想承擔與傳名的心理承擔上引發申述。後文將會詳加論析此點。

然而，中國的知識分子，雖有希望通過文學作品使其千古留名的思想，但這幷不是他們首要追求的目標。在所說的三不朽中，他們最向往的仍是「立德」與「立功」。即使是表示「古之作者，寄身於翰墨，見意於篇籍，不假良史之辭，不托飛馳之勢，而聲名自傳於後」的曹丕，思想中仍是以「立德揚名」占據首位的。他在《與王朗書》中說：

「生有七尺之形，死惟一棺之土。惟立德揚名，可以不朽。其次莫若篇籍。」⑪

一些知識分子不得「立德」、「立功」以揚名，心中已有無限的挫折感，而在他們處於「窮」的境況中，又面對傳統思想與當時輿論要求他們「無羞賤貧」，要求他們必須接受艱苦的現實與經歷無情的考驗，這無疑地也就造成許多寫作者生活的悲劇，同時也形成他們悲劇的性格與心態。這生活的悲劇與悲劇的心態并不是所有的知識分子都能夠以「志於德」或「窮不失義」的精神與操守所可以承擔或是寬解得了的。早在戰國時期的李斯（？－前205）就曾表示：

「詬莫大於卑賤，而悲莫甚於窮困。久處卑賤之位，困苦之地，非世而惡利，自托於無爲，此非士之情也。」⑫

於是個人的悲慘遭遇和所背負的千多年的道義思想承擔，就出現了矛盾。種種矛盾遂同時也引發了他們對詩文「窮而後工」說的質疑與議論。而另一些論者，更能擺脫這種思想承擔的束縛，持平地反省過去詩文論者爲「窮而後工」所提出的種種言論，并表示不同的意見，也對這些言論加以批判。

㈡

首先於詩文評論中提出「詩窮」、「後工」的字眼的，是宋代的歐陽修。他說：

「蓋世所傳詩者，多出於古窮人之辭也。凡士之蘊其所有，而不得施於世者，多喜自放於山顛水涯，外見蟲魚草木風雲鳥獸之狀類。往往探其奇怪；內有憂思感憤之鬱積，其興於怨刺，以道羈臣寡婦之所嘆，而寫人情之難言；蓋愈窮則愈工。然則非詩之能窮人，殆窮者而後工也。」⑬

又說：

「至於失志之人，窮居隱約，苦心危慮，而極於精思，與其有所感激發憤，惟無所施於世者，皆一寓於文辭。故曰：窮者之言易工也。」⑭

一般論及歐陽氏這個論點的，多因爲他的看法承之於司馬遷（前145－？）與唐代的韓愈（768－824）。司馬遷在《太史公自傳》中說：

「昔西伯拘羑里演《周易》；孔子戹陳、蔡作《春秋》；屈原放逐，著《離騷》；左丘失明，厥有《國語》；孫子臏腳，而論兵法；不韋遷蜀，世傳《呂覽》；韓非囚秦，《說難》、《孤憤》。《詩》三百篇，大抵聖賢發憤之所爲作也。此人皆意有所鬱結，不得通其道也，故述往事，思來者。」⑮

《報任安書》也說：

「西伯拘而演《易》；仲尼厄而作《春秋》；屈原放逐，乃賦《離騷》；左丘失明，厥有《國語》；孫子臏腳，《兵法》修明；不韋遷蜀，世傳《呂覽》；韓非囚秦，《說難》《孤憤》；《詩三百篇》，大抵聖賢發憤之所爲也。」⑯

而《平原虞卿傳》說：

「虞卿非窮愁，亦不能著書以自見於後世。」⑰

亦屬此意。

韓愈在《荊潭裴均楊憑唱和詩序》中說：

「夫和平之音淡薄，而愁思之聲要妙；歡愉之辭難工，而窮苦之言易好也。是故文章之作，恆發於羈旅草野。至若王公貴人，氣得志滿，非性能而好之，則不暇以爲。」⑱

《送孟東野序》說：

「大凡物不得其平則鳴，草木之無聲，風撓之鳴；水之無聲，風蕩之鳴；其躍也，或激之，其趨也，或梗之，其沸也，或炙之。金石之無聲，或擊之鳴。人之於言也亦然。有不得已而後言，其歌也有思，有（其）哭也有懷。凡出乎口而爲聲者，其皆有弗平者乎!」⑲

因此稱贊柳宗元（773－819）的成就時道：

「子厚斥不久，窮不極，雖有出於人，其文學詞章，必不能自力以致必傳於後，如今無疑也。雖使子厚得所願爲將相於一時，以彼易此，孰得孰失？必有能辨之者。」⑳

實際上，在歐陽氏之前有着詩文「窮而後工」的看法的，不僅司馬遷和韓愈兩人而已。在先秦，《詩三百篇》中的作者已表示：詩人在面對動亂的時代中，感時憂國，或者內心鬱結不平之情，就會表露在詩篇中。故《園有桃》的作者說：

「心之憂矣，我歌且謠。」㉑

《四月》的作者說：

「君子作歌，維以告哀。」㉒

這和司馬遷《屈原賈生列傳》所說的：

「夫天者，人之始也。父母者，人之本也。人窮則反本，故勞苦倦極，未嘗不呼天也；疾痛慘怛，未嘗不呼父母也。屈平正德直行，竭忠盡智以事其君，讒人間之，可謂窮矣。信而見疑，忠而被謗，能無怨乎？屈平之作《離騷》，蓋自怨生也。」㉒

是有共通的地方的。《毛詩序》在說明《詩》作者作詩之動機或目的時，亦常就這方面加以叙說。如析說《日月》道：

「《日月》，衛姜傷己也。遭州吁之難，傷己不見答於先君，

以至困窮之詩也。」㉔

析說《雄雉》道：

「《雄雉》，刺衛宣公也。淫亂不恤國事，軍旅四起，大夫久役，男女怨曠。國人患之，而作是詩。」㉕

析說《泉水》道：

「《泉水》，衛女思歸也。嫁於諸侯，父母終思，歸寧而不得，故作是詩以自見也。」㉖

同樣的意見也見於《河廣》、《黍離》、《丘中有麻》、《君子於役》、《南山》、《盧令》、《鴇羽》、《陟岵》、《揚之水》、《漸漸之石》、《山有樞》、《園有桃》、《無衣》、《終南》、《黃鳥》、《羔裘》、《匪風》、《巷伯》、《大東》、《綿蠻》、《角弓》、《白華》、《苕之華》、《賓之初宴》、及《何草不黃》等詩之說明中。

嚴忌（生卒年不詳）《哀時命篇》表示：

「志憾恨而不逞兮，抒中情而屬詩。」㉗

馮衍（生卒年不詳）《自論》表示：

「顧嘗好俶儻之策，時莫能聽用其謀。喟然長嘆，自傷不遭。久棲遲於小官，不得舒其所懷。抑心折節，意淒情悲。……乃作賦自厲，命其篇曰顯志。」㉘

東漢桓譚（前 33－39）說：

「賈誼不左遷失志，則文采不發。」㉙

顏延之（384－456）說：

「嗣宗身仕亂朝，常恐罹謗遇禍。因茲發咏，故每有憂生之嗟。」㉚

梁鍾嶸（480－552）的《詩品序》說：

「至於楚臣去境，漢妾辭宮；或骨橫朔野，或魂逐飛蓬；或負戈外戍，殺氣雄邊；塞客衣單，孀閨泪盡；或士有解佩出朝，一去忘返；女有揚眉入寵，再盼傾國。凡斯種種，感蕩心靈，非陳詩何以展其義，非長歌何以騁其情？故曰：詩可以群，可以怨。」㉛

也是此意。鍾嶸更在他的詩評中，點出「詩窮」與「後工」之間的關係。評李陵（？－前 74）詩時說：

「其源出於《楚辭》。文多凄愴，怨者之流。陵，名家子，有殊才，生命不諧，聲頹身喪。使陵不遭辛苦，其文亦何能至此。」㉜

則以李陵詩之所以有突出的成就，乃在於「窮」了。劉勰在《文心雕龍·才略》評馮衍時說：

「敬通雅好辭說，而坎壈盛世，顯志自序，亦蚌病成珠矣。」㉝

唐人亦多此論。白居易（772－840）在稱贊李白（701－762）、杜甫（712－770）詩時說：

「翰林江左日，員外劍南時。不得高官職，仍逢苦亂離。暮年逋客恨，浮世謫仙悲。吟咏留千古，聲名動四夷。文場供秀句，樂府待新辭。天意君須會，人間要好詩。」㉞

元稹（779－831）也說：

「建安之後，天下文士，遭罹兵戰，曹氏父子鞍馬間爲文，往往橫槊賦詩，故其抑揚冤哀存離之作，尤極於古。」㉟

歐陽修的詩文「窮而後工」的見解提出之后，後世的詩文論者，贊同者有之，補充者有之，反對者亦有之，意見紛紛。這問題的討論情況，可說是非常的熱烈。

## ㈢

「窮而後工」的「窮」字，在評論者的心目中，至少具有以下幾種含義：

其一是與「通達」的意義相對，意含知識分子在政治道路上不得宦達，以致不能「立功」、「立命」的困頓之境。前舉孟子的「窮不失義，達不離道」的「窮」字，即具此意。白居易《與元九書》中所舉述的：

> 「陳子昂、杜甫，各授一拾遺，而迍剝至死；李白、孟浩然輩，不及一命，窮悴終身。近日孟郊六十，終試協律；張籍五十，未離一太祝。彼何人哉！彼何人哉！」㊱

所言陳子昂等人之「窮」，皆屬此意。

其二是與貧困之「貧」字相通，意含知識分子在物質生活上窘迫不堪，窮苦潦倒的貧困之境。宋徐得之（生卒年不詳）述杜甫與李白的遭遇：

> 「唐三百年，詩人輩出，而李、杜爲之冠。然不幸當天寶之季，顧不早鳴國家之盛，而遭逢世亂，使窮餓其身，流離困苦，生不安席，死無定所，何若斯之甚。」㊲

所言李、杜之「窮」，即具此意。

其三是指知識分子經歷時局的動亂，軍事的紛擾所構成的精神上與情感上的壓力而形成的逼塞之境。錢謙益（1582－1664）《題燕市酒人篇》道：

> 「詩言志，志足而情生焉，情萌而氣動焉，如土膏之發，如候蟲之鳴，歡欣噍殺，紆緩促數，窮於時，迫於境，旁薄曲折而不知其使然者，古今之眞詩也。」㊳

「窮於時」之「窮」字，即具此意。

其四是指詩體在高度發展之後，各種題材和表現手法已被應用無餘，而令寫作者處於窘迫情況之境。袁中道（1570－1623）《宋元詩序》云：

「宋之承三唐之後，殫工極巧。天地之英華，幾泄盡無餘。為詩者處窮而必變之地，寧各出手眼，各為機局，以達其意所欲言，終不肯雷同剿襲，拾他人殘唾，死前人語下。於是乎情窮而遂無所不寫，景窮而遂無所不收。」㊴

文中所稱之「詩窮」、「情窮」、「景窮」之「窮」字，即具此意。

前三種「窮」子的含意，亦時有交叉運用的情形。下文詳述時將會涉及。

各位論者所用的「工」字雖然都具有文學作品有着卓越的表現效果之意。但細按之，各評論者對「工」字的理解和應用，也有相當大的岐異。

就情感的本質和表達的要求的層面來說，有以下幾種理解：或指詩文感憤鬱積，而善寫難言之情為「工」。歐陽修說：

「士……內有憂思感憤之鬱積，其興之怨刺，以道羈臣寡婦之所嘆，而寫人情之難言；蓋愈窮則愈工。」㊵

或指作品因情感眞摯而光焰萬丈為「工」。清申涵光（1619－1677）《喬文衣詩引》說：

「嗟乎！眞之一字，由世所厭久矣！少陵不云乎？畏人嫌我眞。其在當時，流離困躓，皆眞之為害，故人嫌亦自嫌也。然而光焰萬丈，至今益烈，眞之取效頗長。」㊶

或以作品不單是抒發一己之情感，而能夠表露萬古之性情為「工」。黃宗羲（1610－1695）《馬雪航詩序》說：

「詩以道性情，夫人而能言之。然自古以來，詩之美者多矣，而知性者何其少也。蓋有一時之性情，有萬古之性情。夫吳歈越唱，怨女逐臣，觸景感物，言乎其所不得不言，此一時之性情也。孔子刪之以合乎興觀群怨無邪之旨，此萬古之性情也。吾人誦法孔子，苟言其詩，亦必當

以孔子之性情爲性情，如徒逐逐於怨女逐臣，逮其天機之自露，則一偏一曲，其爲性情亦末矣。故言詩者不可以不知性。」㊷

或以情感必須符合「溫柔敦厚」之原則爲「工」。元好問《楊叔能小亨集引》說：

「唐人之詩，其知本乎？溫柔敦厚，藹然仁義之言之多也；幽憂憔悴，寒饑困憊，一寓於詩，而其厄窮而不憫，遺佚而不怨者故在也。至於傷讒疾惡，不平之氣，不能自揜，責之愈深，其旨愈婉；怨之愈深，其辭愈緩；優柔饜飫，使人涵咏於先王之澤，情性之外，不知有文字。」㊸

或以情感之表露必須「沉鬱」爲「工」。陳廷焯《白雨齋詞話》：

「作詞之法，首貴沈鬱，沈則不浮，鬱則不薄。」㊹

又說：

「所謂沈鬱者，意在筆先，神餘言外，寫怨夫思婦之懷，寓孽子孤臣之感。凡交情之冷淡，身世之飄零，皆可於一草一木發之。」㊺

或以作者必須在歷「窮」之時，「冥搜精煉」章句，才能使作品達致「工」的境地。李綱《五峰居士文集序》：

「自唐以來，卓然以詩鳴於時，如李、杜、韓、柳、孟郊、浩然、李商隱、司空圖之流，類多窮於世者。或放浪於林壑之間，或漂沒於干戈之際，或遷謫而得江山之助，或閑適而盡天地事物之變。冥搜精煉，抉摘渺微。一章一句，至謂能泣鬼神而奪造化者，其爲功亦勤矣。」㊻

## ㈣

細心審察歐陽修及其前後（下限至明代）詩文論者關於詩文

「窮而後工」的論說，概要的區分，有兩種不同的類型：其一是從時代與作者的個人關係着眼，叙述作者面對艱困的環境與個人的顚沛的生活所應持有的精神與原則；在接受社會的考驗時，又應如何進行文學創作的實踐，以使其作品達致於「工」的文學效果；另一種類型，重點僅置於個人不幸遭遇之叙述，從而探索造成不幸遭遇的緣由。

清代以前的詩文論者，在言及文學作者應如何面對與接受艱苦的環境變化時，經常從道義思想承擔的角度，要求文學作者所應持有的精神與原則。他們要求寫作者在極度艱苦環境中，絕對不可改變他們的道義之心。宋史彌寧（生卒年不詳）盛贊杜甫「身窮道不窮」就是如此。他說：

「詩名千古杜陵翁，身不勝窮道不窮。」㊼

包恢（1182－1268）也嘉許杜甫「身窮而志不窮」。他說：

「子美一生窮餓，固不掩於詩，而其志浩然，未始一日稍變，故其詩之光焰，不可磨滅，不得不考也。」㊽

曾鞏（1167－1126）也贊揚杜甫身窮而有忠義。他說：

「（杜甫）況其時多難，瘦妻饑子，短褐不全，流離困苦，崎嶇堙厄，一飯一啜，猶不忘君，忠肝義膽，發爲詞章，嫉惡憤世，比興深遠。」㊾

梁蕭統（501－531）稱贊陶淵明（372－427）的文學成就時，更高評其人格與氣節：

「其文章不群，辭采精拔，跌宕昭彰，獨超衆類，抑揚爽朗，莫之於京。横素波而旁流，干青雲而直上。語時事則指而可想，論懷抱則曠而且眞。加以貞志不休，安道苦節，不以躬耕爲恥，不以無財爲病。自非大賢篤志，與道污隆，孰能如此乎！」㊿

值得注意的是，不論是史彌寧，包恢，曾噩或者是蕭統，在言及詩人之身窮而「道」、「志」不窮，以及詩人之有「忠義」，有高風亮節時，都認爲這些品格的質素，是他們的詩作之能「詩名千古」，「不可磨滅」，「比興深遠」，「獨超衆類」的關鍵。這些論者都是糅合「道義」與「傳名」的思考，來肯定寫作者之「窮」與其作品之「工」的。所以一些論者遂就此課題呼吁寫作者身歷窮困的境遇時，應注意志與氣的培養與鍛煉。宋何夢桂（1228－？）說：

「詩，志至焉，氣次之。志百變而不折，則氣亦百變而不衰。知此，可與言詩矣。杜少陵在秦夔，柳子厚在永柳，坡翁在惠，山谷在宜，皆窘束不自聊賴，而所爲詩，益浩漫峻厲，是豈無故而然耶？其養完，故其發碩茂如此。」⑸

一些論者則勖勉寫作者不應身窮而消極，反而更應該備具膽氣，致力於詩文的創作，如宋黃庭堅（1045－1105）贊揚陳師道（1053－1102）身雖窮但卻有膽氣，所以才能寫出傑出的作品道：

「吾友陳師道，抱瑟不吹竽。文章似揚馬，咳唾落明珠。固窮有膽氣，風壑嘯於菟。秋來入詩律，陶謝不枝梧。」52

詩文論者也更進而從另一個角度來探討作者之「身窮」與作品之所以「工」的關係。在這方面，可分爲以下幾點論析。

一些論者更認爲，詩文作者困窮，使得他們能盡心理於詩文的創作，這就是造成他們的作品之所以「工」的原因。歐陽修在提出詩文「窮而後工」的那段話中，就曾說：

「至於失志之人，窮居隱約，苦心危慮，而極於精思。」53

認爲當詩文作者窮困時，心無旁騖，更能集中於創作的思考，因

此才能寫出杰出的作品。宋魏慶之(生卒年不詳)說:

「憂勞者易生於善慮,安樂者多失於不思。」54

李綱(1083-1141)也表示詩文之所以「窮而後工」者,在於作者之「用志專」而「造理深」。他在《五峰居士文集序》中說:

「歐文忠公有言:非詩能窮人,殆窮而後工。信哉!士達則寓意於功名,窮則潛心於文翰。故詩必待窮而後工者,其用志專,其造理深,其歷世故險阻艱難,無不備嘗故也。」55

一些論者則指出,詩文作者處於窮境,內心的憂慮累積,憤懣塡膺,發泄在文詞上,是作品之所以「工」的原因。歐陽修說:

「……其所感激發憤,惟無所施於世者,皆一寓於文辭。故曰:窮者之言易工也。」56

論者更認爲,詩文作者處窮愈久,感憤愈是憤烈,所寫成的作品將愈「工」。韓愈評柳宗元作品時所說的:

「然子厚斥不久,窮不極,雖有出於人,其文學辭章,必不能自力,以致必傳於後如今,無疑也。」57

即屬此意。所以明宋濂(1310-1381)說:

「至若文人者,挫之而氣彌雄,激之而業愈精。」58

另一些論者認爲,詩文作者處窮而能夠寫出動人的篇章,在於親身經歷艱難的生活境遇的關係。鍾嶸評李陵的作品時說:

「使陵不遭辛苦,其文亦何能至此。」59

評劉琨的作品時說:

「琨……又罹厄運,故善敍亂,多感慨之辭。」60

李綱於表示贊同歐陽修詩文「窮而後工」的見解時說:

「詩必待窮而後工者,……其歷世故險阻艱難,無不備嘗故也。」61

然而，正如韓愈所說的，詩文作者雖然都經歷艱苦的生活，而所寫作品，詩文作者雖然都經歷艱苦的生活，而所寫成的作品，也有高下之分。其中關鍵在於寫作者之「善鳴」與否。因此論者也就針對詩文作者在具有由於艱苦生活的經歷，內心感憤鬱積，而應當如何處理這股感憤之情的表達，提出他們的意見。前舉元好問《楊叔能小亨集引》所說的：

「至於傷讒疾惡，不平之氣，不能自掩，責之愈深，其旨愈婉；怨之愈深，其辭愈緩；優柔饜飫，使人涵咏於先王之澤，情性之外，不知有文字。」62

就提出了情感的表露必須「溫婉」的要求。前舉李綱《五峰居士文集序》所說的：

「自唐以來，卓然以詩鳴於時，如李、杜、韓、柳、孟郊、浩然、李商隱、司空圖之流，類多窮於世者。或放浪於林壑之間，或漂沒於干戈之際，或遷謫而得江山之助，或閑適而盡天地事物之變。冥搜精煉，抉摘渺微。一章一句，至謂能泣鬼神而奪造化者，其爲功亦勤矣。」63

則指出寫作者必須「冥搜精煉，抉摘渺微」，才能使其作品「泣鬼神而奪造化」。

純粹從文人的遭遇着眼，以言詩文「窮而後工」的詩文論者，則多注意到詩文作者窮困潦倒的事實，并爲這些作者發出同情的悲鳴。如宋徐得之《重修杜工部祠堂記》慨嘆杜甫和李白的遭遇道：

「唐三百年，詩人輩出，而李、杜爲之冠。然不幸當天寶之季，顧不早鳴國家之盛，而遭逢世亂，使窮餓其身，流離困苦，生不安席，死無定所，何若斯之甚。」64

宋李正民（生卒年不詳）《覽新達詩卷有感》也悲嘆一些歷代的詩人道：

「昔人作詩例苦窮，今人作詩乃得通。何意崩騰永嘉末，復見正始之遺風。杜陵太白困羈旅，孟郊賈島亦不逢。聖俞不得一校理，子美謫死吳山東。」㊆

其實白居易早就看到這個問題，因此有「詩人多蹇」之說。《與元九書》中道：

「況詩人多蹇，如陳子昂、杜甫，各授一拾遺，而迍剝至死；李白、孟浩然輩，不及一命，窮悴終身。近日孟郊六十，終試協律；張籍五十，未離一太祝。彼何人哉！彼何人哉！」㊇

一些論者甚至表示，要成爲名詩人，有如前一類型的說法，要求寫作者必須經歷貧窮。宋陳郁（生卒年不詳）《藏一話腴》：

「作詩作文，非多歷貧愁者，決不入勝處。三閭厄而騷獨步；杜少陵愁而詩冠古今；退之欲人輟一飯之費以活己，而文起八代，上窺至聖；孟郊砍山耕水，賈島藥米俱無，窮尤甚焉。其詩清絕高遠，非常人可到，良有以也。」㊈

宋趙蕃（1143－1229）《枕旁有杜集看其行役諸詩有感復書》亦有此意。他說：

「既將取詩名，先應歷時窮。不見少陵老，飄轉一生中。世學汝不嗜，而顧思此工。豈惟人汝憎，造物且見攻。無須嘆苦絕，甑倒與囊空。」㊉

言下有多少自我慰勉之意。

而在探討爲什麼杰出的詩文作者多是貧困的原因，一些論者歸之於他們命薄，如白居易《序洛詩序》表示：

「予歷覽古今歌詩，自風、騷之後，蘇、李以還，次及鮑、謝徒，迄於李杜輩，其間詞人聞知者累百，詩章流傳者鉅萬。觀其所自，多因讒冤、遣逐、征戍、行旅、凍餒、病老、存殁、別離，情發於中，文形於外，故憤憂怨傷之作，通計今古，十八九焉。世所謂文人多數奇，詩人尤命薄，於斯見矣。」㊾

或「命不偶時」，如宋蔡傳《吟窗雜錄》表示：

「子美性剛毅，自負甚厚，然命不偶時，故窮悴戚戚，雖不得志，標制尤高。」⑰

有些論者歸之於天意，如王十朋（1112－1171）《謁杜工部祠文》表示：

「天欲其鳴，窮之使悲。」⑪

蘇軾《次韵張安道讀杜詩》表示：

「詩人例窮苦，天意遣奔逃。」⑫

趙蕃詩《近乏筆托二張求之於市殊不堪也作長句以資一笑》也說：

「詩老作詩窮欲死，序詩乃得歐陽氏。序言人窮詩乃工，此語不疑如信史。少陵流落白也竄，郊島摧埋終不起。是知造化惡鐫鑱，故遣饑寒被其體。」⑬

在歐陽修之前的孫樵，把文人「窮」的原因，歸之於他們取自天者特多。《與賈希逸書》：

「文章亦然，所取者廉，其得必多；所取者深，其身必窮。六經作，孔子削迹不粒矣。孟子述，子車坎坷齊魯關。馬遷以《史記》禍，班固以《西漢》禍，揚雄以《法言》、《太玄》窮，元結以《浯溪碣》窮，陳拾遺以《感遇》窮，王勃以《宣尼廟碑》窮，玉川子以《月蝕詩》窮。杜甫、李白、王江寧，皆相望於窮者也。」⑭

宋祁（998－1061）也有相同的看法。他在《淮海叢編集序》中說：

「詩爲天地蘊，予常意藏混茫中，若有區所，人之才者，能往取之。取多者名無窮，少者自高一世。顧力至不至爾。然造物者吝之。其取之無限,，則輒窮躓其命，而怫戾所爲。予略記其近者：王摩詰顛於盜，愁苦僅脫死，杜子美客巴蜀，入沅湘，寒饑不自存；李太白踣於貶，白樂天偃蹇不得志，五十餘分司；元微之爲衆排戛，終身恨望；劉夢得流擯，抵老弗見容；是皆章章信驗者。」⑮

或歸之於詩文作者個人的因素，蘇軾《邵茂誠詩集敘》表示：

「至於文人，其窮也固宜。勞心以耗神，盛氣以忤物，未老而衰病，無惡而得罪，鮮不以文者。」⑯

這就難怪宋何夢桂會感嘆「文」之不幸了。在《宋梅堂詩序》中，他說：

「子厚以謫而文工，屈原以放而騷工，杜子美以蹇而詩工。嗚呼！文以窮而工，文之不幸也甚矣。」⑰

以上的認識的進一步發展，遂使得一些論者不同意歐陽修所說的「非詩之能窮人，殆窮者而後工也」的論點，而認爲「詩能窮人」。陳師道雖然也有「詩窮而後工」的說法，卻多言及詩如何窮人。《贈知命》道：

「君家魯直不解事，愛作文章可人意。一人可以窮一家，怪君又以才爲累。請將飲酒換吟詩，酒不窮人能引睡。」⑱

《夏夜有懷》道：

「學詩端得瘦，識字即空樽。」⑲

《送王元均貶衡州兼寄元龍》道：

「先生秀句滿天東，二子沿槊再得窮。」⑧⓪

因此當他的孩子們會作文賦詩時，他竟感慨地說：

「大兒年十六，解作史論，小兒八歲，能賦絕句，時有好語，聊爲絕倒。不知天欲窮之耶？欲達之耶？」⑧①

他的理解也是「天之命物」，是「周而不全」的，不能於詩有所得，而同時又能富裕。《王平甫文集後序》：

「天之命物，用（周）而不全，實而不華，淵者不陸。物之不全，物之理也。蓋天下之美，則於貴富不得兼而有也。詩之窮人，又可信矣。」⑧②

蘇軾雖然多言「詩文窮而後工」，如在《僧惠勤初罷僧職》就直接支持歐陽修的意見。他說：

「非詩能窮人，窮者詩乃工。此語信不妄，吾聞諸醉翁。」⑧③

但也時有「詩能窮人」的說法。《呈定國》：

「信知詩是窮人物，近覺王郎不作詩。」⑧④

## ㈤

與前代有關詩文「窮而後工」諸說相比較，淸人對有關問題的思考，顯見更加的深入。就第一種類型的說法來說，明末淸初是一個非常動蕩的時代。陝西李自成，於1644年 3 月攻入北京，崇禎自縊，已給當時的知識分子帶來巨大的刺激；而淸人入關，在中國土地上展開的激烈的民族斗爭，更激起當時的知識分子鮮明與強烈的民族意識。許多知名的文士，如歸莊（1613－1673）、陳子龍（1608－1647）、黃宗羲、張煌言（1620－1645）、顧炎武（1613－1682）、王夫之（1619－1692），等都曾經參與民族抗爭的軍事行動，而爲數更多的文人，眼見大勢已去，耻事二姓，紛紛隱逸不出，終身不仕，如魏禧（1624－1680）、徐枋（1622－1694）、杜茶村（1611－1687）、申涵光，等等。一些文士更進而以逃禪的方式以示不事淸人，不服從淸習俗的決心，如方以智（1611－1671）、屈大均（1630－1696）、歸莊、呂留良（1629－1683）、錢秉鐙（1614－1680）等。因此在這麼一個時期，當詩文論者由時代與寫作者個人關係着眼，談及惡劣環境之影響個人的顚沛生活，以及這種生活遭遇與文學創作的關係時，就非常強調時代的因素，環境的因素。張煌言的見解就是如此。他雖然也徵引韓愈的話說：

> 「甚矣哉！歡愉之詞，難工，而悲苦之音，易好也。蓋詩言志，歡愉則其精散越，散越則思致不能深入；愁苦則其情沈著，沈著則舒籟發聲，動與天會。故曰：詩以窮而益工，夫亦境然也。」㉟

然而，當讀及這段話之後他對曹雲霖的詩作的評論時，則可知他所強調的「窮」，并非詩文作者一般的「窮」，而是飽含時代的迫壓，飽含民族的情懷，飽含忠貞氣節的「窮」。他說：

> 「曹子雲霖，……隅陷虜穴，至幽囚憂思，萬死而得一生，其愁苦可知矣。……年來，雲霖膺帝眷，秩中丞，或佐雄師入江，或從無名蕃泛海。山河之感切中，湖海之勝娛外，累牘連篇，無非騷雅，……是何其思深入，其情沈著也。工固至此哉！觀止矣，然後知愁苦之音，果勝於歡愉之詞也。」㊱

在另一篇序文中，張氏形容羅子木的詩，雖不用「窮」與「工」的字眼，亦具此意。他說：

> 「羅生……奉其父以北，……猝與虜遇，……格斗輸時，矢集鎧如猬，墜水得生，而乃父竟就縛以去。羅生……悲

涼酸楚，至於嘔血，故其所爲詩篇，清峭蒼寒，一如夜猿秋鶴，可聞而不可聽，斯悲矣！」㊲

張煌言，鄞人。崇禎十五年（1642）舉人。明末南京敗後，煌言倡議奉魯王監國，屢抗清兵。舟山破，隨魯王入閩依鄭成功。曾揮兵下皖二十餘城。魯王卒後，煌言散兵隱居，後爲清兵所獲，不屈死。詳見全祖望《張忠烈公年譜》。以這樣一個民族抗爭的斗士談「詩窮而後工」，自然有與前代論者不同的強調與內涵。

清初的特殊政治局勢，使得評論者的道義承擔心加強。這股道義承擔心糅合着強烈的民族意識，促使這些評論者要求寫作者必須正面地接受時代所給於的包袱，正面地接受時代的考驗，而在時代的考驗中表露內心的濃鬱不解的悲憤。黃宗羲就表示，這種能接受時代考驗的作品，才是具有「詩之原本」的作品。他說：

「夫人生天地之間，天道之顯晦，人事之治否，世事之污隆，物理之盛衰，吾與之推蕩磨勵於其中，必有不得其平，故昌黎言物不得其平則鳴，此詩之原本也。」㊳

黃宗羲，字太冲，浙江餘姚人。年十四補諸生。其父尊素，明天啓間官御史，以抗直死魏閹之難。宗羲年十九，袖長錐入京鳴冤，對簿時錐擊許顯純，又錐牢子斃。清兵南下時，糾合黃竹浦子弟數百人，隨諸軍於江上，時呼世忠營。清兵定浙，奉母里門，畢力於著述。康熙間詔徵博學鴻儒，宗羲辭以疾，且言母老。傳見《清史列傳》。

錢謙益也有同樣的看法。他稱能夠表露「結轖於君臣夫婦朋友之間，而發作於身世偪側，時勢連蹇之會」的怨誹之情的詩爲「有本」之作。他說：

「古之爲詩者有本焉。《國風》之好色，《小雅》之怨誹，

《離騷》之疾痛叫呼，結轖於君臣夫婦朋友之間，而發作於身世偪側時勢連蹇之會。夢而噩，病而吟，舂歌而溺笑，皆是物也，故曰有本。」89

幷認爲這種糅合道義的思想與忠義氣節的精神可與日月爭光，可與天地俱磨滅。只有在時代危機的時刻，這種思想與精神才能夠出現。他說：

「夫文章者，天地之元氣也。忠臣志士之文章，與日月爭光，與天地俱磨滅。然其出也，往往在陽九百六，淪亡顚覆之時。宇宙偏沴之運，與人心憤盈之氣，相與軋磨薄射，而忠臣志士之文章出焉。有戰國之亂，則有屈原之《楚辭》，有三國之亂，則有諸葛武侯之《出師表》。」90

錢謙益，江南常熟人。明萬歷三十八年（1610）一甲三名進士，授翰林院編修。天啓元年（1621）充浙江鄉試正考官。崇禎時召爲禮部侍郎，後因事削籍。南都立，起禮部尙書。順治元年（1644），淸兵南下。謙益迎降，授秘書院學士兼禮部侍郎。六年以疾辭歸。錢氏於明末主持文壇，甚受士林敬重。迎淸兵入南京，則備遭時人之譏評。

歸莊從傳名的角度說明動亂的時局與作品的寫作的關係，認爲只有在艱苦的時代，作者才能創作出動人肺腑的作品。他說：

「詩家前稱七子，後稱杜陵，後世無其倫比。使七子不當建安之多難，杜甫不遭天寶以後之亂，盜賊群起，攘竊割據，宗社臲卼，民生涂炭，即有慨於中，未必其能寄托深遠，感動人心，使讀者流連不已如此也。」91

歸莊，昆山人。一生關心國事。曾與顧炎武協助王永祚軍抵抗淸兵。昆山縣丞閻茂才下薙髮令，歸氏和縣民執拿茂才幷斬殺之。其後棄儒冠，僧服亡命，浪迹江湖。

基於以上的認識，論者乃以能接受時代之考驗，并以忠義之心而抒發之具有濃鬱悲憤的作品爲「有詩」，而稱只顧形式之美，無視深切感觸而寫成之作品爲「無詩」。錢謙益說：

> 「余常謂論詩者，不當趣論其詩之妍媸巧拙，而先論其有詩無詩。所謂有詩者惟其志意偪塞，才力債盈，如風之怒於土囊，水之壅於息壤，旁魄結轖不能自喻，然後發作而爲詩。凡天地之内恢詭譎怪，身世之間交互緯繣，千容萬狀，皆用以資爲狀，夫然後謂之有詩。夫然後可以叶其宮商，辨其聲病，而指陳其高下得失。如其不然，其中枵然無所以（有），而極其撏撦采擷之力以自命爲詩。剪采不可以爲花也，刻楮不可爲葉也。其或矯厲矜氣，寄托感憤，不疾而呻，不哀而悲，皆象物也，皆餘氣也，則終謂之無詩而已矣。」㉒

黃宗羲更以詩文之是否能夠結合時代而表露萬古之性情，或只是表露一己之情感來作爲詩文作品優劣的辨別標準。他說：

> 「古之詩也，以之從政，天下之器也；今之詩也，自鳴不平，一身之事也。」㉓

又更具體地說：

> 「詩以道性情，夫人而能言之。然自古以來，詩之美者多矣，而知性者何其少也。蓋有一時之性情，有萬古之性情。夫吳歈越唱，怨女逐臣，觸景感物，言乎其所不得不言，此一時之性情也。孔子刪之以合乎興觀群怨無邪之旨，此萬古之性情也。吾人誦法孔子，苟言其詩，亦必當以孔子之性情爲性情，如徒逐逐於怨女逐臣，逮其天機之自露，則一偏一曲，其爲性情亦末矣，故言詩者不可以不知性。」㉔

歸莊之定杜甫與潘岳（247－300）詩作高下之分也是如此。他說：

「潘安仁之賦秋興也，惟於歸燕吟蟬，游氛槁葉，清露流火，禽蟲草木，物色之間，津津不置，其所感者，淺也。若杜少陵之八詩，則宮闕山河之感，衣冠人物之悲，百年世變，一生行藏，皆在焉。」㊿95

基於此理，錢謙益乃肯定詩之「史」的性質與地位。他說：

「孟子曰：《詩》亡然後《春秋》作。《春秋》未作以前之《詩》，皆國史也。……三代以降，史自史，詩自詩，而詩之義，不能不本之於史。曹之《贈白馬》，阮之《咏懷》，劉之《扶風》，張之《七哀》，千古之興亡升降，感嘆悲憤，皆於詩發之。馴至於少陵，而詩中之史大備，天下稱之曰詩史。唐之詩入宋而衰。宋之亡也，其詩稱盛。皋羽之慟西臺，玉泉之悲竹國，水雲之茗歌，谷音之越吟，如窮冬沍寒，風高氣栗，悲噫怒號，萬籟雜作。古今之詩莫變於此時，亦莫盛於此時。」96

而歸莊和顧炎武會把詩文作者的品格置於較其作品更高的地位，而怒聲斥責沒有節義的文人，也是可以理解的。歸莊《天啓崇禎兩朝遺詩序》道：

「夫詩既論其人，苟其人無足取，詩不必多存也。陸機失身逆藩，潘岳黨於賊后，沈約教梁武弑故君，昭明以其詩之工，選之特多。王維、儲光義污祿山僞命，皮日休受黃巢官。選唐詩者顧津津不置，精於論詩而略於論人，此古今文人之通蔽也。」97

顧炎武《日知錄》道：

「古來以文辭欺人者，莫如謝靈運，次則王維。靈運身爲元勛之後，襲封國公。宋氏革命，不能與徐廣、陶潛爲林泉之侶。既爲宋臣，又與盧陵王義眞款密。……何先後之矛盾乎？史臣書之逆，不爲苛矣。王維爲給事中，安祿山陷兩都，拘以普施寺，迫以僞署。文墨交游之士，多護王維，如杜甫謂之高人王右丞，天下有高人而仕賊者乎？」⑱

又說：

「今有顚沛之餘，投身異姓至擯斥不容，而後發爲忠憤之論，與夫名污僞籍，而自托乃心比於康樂、右丞之輩，吾見其愈下矣。」⑲

康熙中葉以後，清人已奠定在戰國的勢力。清人政府爲抑制文人的反抗情緒，一方面通過文字獄、科場獄等措施堅強施壓，另一方面又通過博學宏詞科的徵舉、《四庫全書》、《全唐詩》，等等的編訂在文化政策上施行懷柔。更重要的是老一輩的明朝遺老相繼去世，新一代的詩文作者在情感上所承受的民族抗衡的影響經已淡薄，有些甚至完全不存在，於是詩文論者對「窮而後工」說的理解也跟前些時候不同了。錢泳（1759－1844）《履園譚詩》說：

「黃野鴻《賣書祀母忌辰》一首云：木沒悲今日，兒貧過昔時。人間鮮樂歲，地下共長饑。白水當花薦，黃粱對雨炊。莫言無長物，亦是慰哀思。所謂窮而益工，亦信然耶？」⑩

陳維崧（1625－1682）《王西樵灼聞卮語序》說：

「甲辰春三月，吏部王先生以蜚語下羈所。越數月，事大白。先生南浮江淮，出其詩若干篇，詞若干首，令維崧讀之。……或問維崧曰：甲辰三月之事，王先生可謂窮矣，即有曠達者，於此亦宜無聊，侘傺不平，有動於中。先生顧日坐請室與賓客爲隱語、廋語、俳語、孟浪語，且又日爲詞，詞又甚工，何歟？維崧曰：王先生之窮，王先生之詞之所由工也。」⑩

「窮」字於此，都是指不與國家、民族命運相光的文人的一己的困頓的遭遇。紀昀（1724－1805）《儉重堂詩序》說：

「夫歡愉之辭難工，窮愁之言易好，論詩家成習語矣。然以齷齪之胸，貯愁之氣，上者不過寒瘦之辭，下者至於瑣屑寒氣，無所不至，其爲好也亦僅。」

「窮」、「愁」於此，亦就不與國家、民族命運有關聯之詩作者之胸懷而言。劉熙載（1813－1881）《詩概》說：

「代匹夫匹婦語最難，蓋饑寒勞困之苦，雖告人人且不知，知之必物我無間者也。杜少陵、元次山、白香山，不但如身入閭閻，目擊其事，直與疾病之在身者也無异。」⑩

言所經歷之饑寒困苦，亦與國家民族之困頓無關。

然而清人詩文理論傑出的地方，就在於不僅是謹守前人的看法而已。一些論者作深入思考前人有關「窮而後工」時，就看出其中論說的不當。如趙翼（1727－1814）雖有支持詩窮而後工之見，如說：

「國家不幸詩家幸，賦到滄桑詩便工。」

但進一步冷靜思考時，便對此說提出質疑：

「詩人之窮，莫窮於少陵。……觀集中《重經昭陵》、《高都護驄馬》、《劉少府山水障》、《天育驃騎》、《玉華宮》、《九成宮》、《曹霸丹青》、《韋偃雙松》諸杰作，皆在不甚饑窘時，氣壯力厚，有此巨觀，則又未必眞以窮而後工也。」⑩

翁方綱（1733－1818）也認爲詩作優劣的判斷標準，主要在詩作的表現，不在於詩人本人是否窮達。他表示：如果詩人傑出的話，即使他由窮而轉達，其作品絕不會因此而失其「工」。《石洲詩話》云：

「詩人雖云窮而後工，然未有窮工而轉達不工者。若青蓮、浣花，使其立於廟朝，制爲雅頌，當復如何正大典雅，開辟萬古，而使孟東野當之，其可以爲訓乎?」⑩④

周容（1670－1679）《春酒堂詩話》也持相反的說法。他認爲詩不但不會「窮人」，反而可以「達人」。他說：

「友人曰：詩能窮人。信然乎？曰：子固聞詩能窮人，但只見詩能達人耳。唐取士以詩，豈曰窮人？江上峰青，尤表表者；日暮漢宮，特傳御批除官，千古艷之；若孟郊諸人，□原應爾，安得概以咎詩哉!」⑩⑤

又說：

「友人曰：詩窮人，亦謂人於詩道進一分，輒於世俗人情退幾許，故窮也。余曰：《詩三百篇》，最於世俗世情留心關切，夫子奈何以之教人？所謂興觀群怨者，通之謂也。世之不詩以窮者多矣，將誰咎哉?」⑩⑥

而清葉燮《原詩》表示：

「詩之亡也，又亡於好利。夫詩之盛也，敦實學以崇虛名；其衰也，謀虛名以網厚實。於是以風雅壇坫爲居奇，以交游朋盍爲牙市，是非淆而品格濫，詩道雜而多端，而友朋切劘之義，因之而衰矣。昔人言詩窮而後工。然則詩豈救窮者乎？斯二者，好名實兼乎利，好利遂至不惜其名。夫三不朽，詩亦立言之一，奈何以之爲壟斷名利之區？不但有愧古人，其亦反而問之自有之性情可矣。」⑩⑦

則是用「窮而後工」的概念從另一個角度來批評當時文壇的習氣。

## ㈥

由以上的分析，我們可以知道，歐陽修雖然是首先用及詩文「窮而後工」詞語的論者，但在歐陽氏之前，詩文論界已普遍持有這種意見。在傳統的道義思想承擔和個人的傳名意識的承擔交織之下，歐陽修之後的評論者在這論題的談論上，更較歐陽修及前此的詩文論者來得廣泛與深入。特別是清代，由於清初是一個外族入主中原的時期，傳統的道義意識與抗拒外敵的忠義精神的糅合與進一步發展，更使得這一論題獲得普遍的關注與深入的討論，也使得這一論題的討論取得前所未有的成果。而清初之後，人們對這一個課題的討論，更顯示出時代不同，社會情況不同，文學環境不同，持論者的原則和精神也跟着有顯著的差異了。

不僅如此，清人在學術問題的看法與論析上，一般上也較宋、明來得豁達。在我比較宋、明學者與清代學者對杜詩爲詩史的見解時，已有這種認識。⑽而當見及清人之多方面與深入地分析或應用詩文窮而後工說，以及他們之敢於擺脫前人的見解的束縛，而向這種說法提出挑戰時，更堅定了我對清人文學評論的評價。這也是我在文前所說的「中國文學批評發展至明、清，進入一個相當繁盛的時期。不僅參與文學論評者多，出現文學評論作品者衆，而且各種各類的文學問題，也獲得廣泛與深切的關注與討論。特別是在清代，評論者在前人努力耕耘的基礎上，更能深入與持平地審視各種各類的文學問題。再加上這是一個外族入主中原的時期，時代與社會所給予文學評論者的刺激與影響，更是多方面的，也從而激起這些評論者的言論的種種漣猗。詩文窮而後工說之在淸代所引起的種種反應，就是很好的例子」的依據。

【註　釋】

①《論語·里仁》。何晏集解《論語註疏》。卷四。《四庫全書》本（臺北：商務印書館影文淵閣本，1986），頁 195－564。

②《孟子·梁惠王上》。趙岐注《孟子注疏》。卷一下。《四庫全書》本（臺北：商務印書館影文淵閣本，1986），頁 195－32。

③《荀子·大略》。《荀子》卷十九。《四庫全書》本（臺北：商務印書館影文淵閣本，1986），頁 695－291。

④《孟子·盡心上》。同註②。卷十三上。頁 195－289。

⑤《荀子·非十二子》。同註③。卷三。頁 695－147。

⑥杜預注疏《左傳注疏》。《十三經注疏》本。（臺北：藝文印書館）。

⑦李善注《文選》。卷五十二。（臺北：藝文印書館影宋淳熙本重雕鄱陽胡氏藏版本，1967），頁 734。

⑧劉勰《文心雕龍·諸子》。范文瀾《文心雕龍註》卷四（香港：商務印書館，1960），頁 307－308。

⑨王充《論衡·佚文》。該書卷二十。《四部叢刊初編》（上海：商務印書館縮印明通津草堂刊本），頁 199。

⑩《歐陽文忠公文集》。卷五十四。《四部叢刊初編》本（上海：商務印書館縮印元刊本），頁 398。

⑪嚴可均輯《全三國文》。卷七。《全上古三代秦漢三國六朝文》（北京：中華書局，1965），頁 7。

⑫《史記》。卷八十七。（北京：中華書局，1959），頁 2539－40。

⑬歐陽修《梅聖俞詩集序》。同⑩。卷四十二。頁 317－8。

⑭歐陽修《薛簡肅公文集序》。同上註，卷四十四，頁 327。

⑮《史記》。卷一三零。同⑫。頁 1300。同④。卷八十四。頁 2482。

⑯李善注《文選》。卷四十一。同⑦。頁 591－2。

⑰《史記》。卷七十六。同⑫。頁 2376。

⑱《五百家註昌黎文集》。卷二十。《四庫全書》本（臺北：商務印書館影文淵閣本），頁 18。

⑲同上註。卷十九。頁 12。

⑳韓愈《柳子厚墓誌銘》。同⑱。卷三十二。

㉑《毛詩注疏》卷五之三。《十三經注疏》（臺北「藝文印書館影嘉慶二十年江西南昌府學開雕本）。頁 6。

㉒同註㉑。卷十三之一。頁 14。

㉓《史記》。卷八十四。同⑫。頁 2482。

㉔同註㉑。卷二之一。頁 13。

㉕同註㉑。卷二之二。頁 3。

㉖同註㉑。卷二之三。頁 5。

㉗洪興祖《楚辭補註》卷十四（北京：中華書局，1983），頁 259。

㉘馮衍《顯志賦·自論》。見嚴可均輯《全後漢文》卷二十。同⑪。頁 1。

㉙桓譚《桓子新論》上。見嚴可均輯《全後漢文》卷十三。同⑪。頁 6。

㉚劉勰《文心雕龍·才略》。范文瀾《文心雕龍註》。卷十。同⑧。頁 699。

㉛鍾嶸《詩品》。何文煥編《歷代詩話》本。（北京：中華書局，1981），頁 3。

㉜同上註，頁 6。

㉝范文瀾《文心雕龍註》。卷十，頁 699。

㉞白居易《讀李杜詩集因題卷後》。《白氏長慶集》卷十五。《四部叢刊初編》本（上海：商務印書館縮印江南圖書館藏明嘉靖刊本），頁 82。

㉟元稹《唐故工部員外郎杜君墓系銘（并序）》。《元氏長慶集》卷五十六。《四部叢刊初編》本（上海：商務印書館縮印江南圖書館藏明嘉靖刊本），頁 174。

㊱《白氏長慶集》卷二十八。頁 143。

㊲見明姚廣孝等編《永樂大典》卷 8，648 衡字韵。北京中華書局影印本。

㊳錢謙益《有學集》卷四十七。《四部叢刊初編》（上海：商務印書館縮印康熙甲辰初刻本），頁 462。

㊴《珂雪齋文集》。卷二。見《中國文學珍本叢書》第一輯。案：《說文》：「貧，財分少也。」又云：「窮，極也。」貧尚有財可分，窮則爲窘迫困頓之極。古人言詩文之窘迫之境，取「窮」字而不用「貧」字，實有其道理的。

㊵見註⑬。

㊶《聰山文集》卷二。

㊷《南雷文約》卷四。

㊸元好問《遺山先生文集》卷三十六。《四部叢刊初編》（上海：商務印書館縮印烏程蔣氏密韵樓藏明初弘治刊本），頁 379。

㊹《白雨齋詞話》卷一。

㊺同上註。

㊻《梁谿先生文集》卷一百三十八。《四庫全書》本（臺北：商務印書館影文淵閣本，1986），頁 1126－572。

㊼史彌寧《和黃雲夫武攸見寄韵》。《友林乙稿》。《四庫全書珍本四集》（臺北：商務印書館影文淵閣本，1986），頁 12－13。

㊽包恢《答曾子華論詩》。《敝帚稿略》卷二。《四庫全書》（臺北：商務印書館影文淵閣本，1986），頁 1178－717。

㊾見郭知達編《九家集註杜詩》。清刻本。

㊿蕭統《陶淵明傳》。嚴可均輯《全梁文》卷二十。同⑪。頁 9。

(51)何夢桂《章明甫詩序》。《潛齋文集》卷七。《四庫全書珍本五集》（臺北：商務印書館影文淵閣本），頁 1－2。

(52)黃庭堅《和邢惇夫秋懷》。《豫章黃先生文集》。卷四。《四部叢刊初編》

（上海：商務印書館縮印嘉興沈氏藏宋本），頁 39。

(53)見註⑭。

(54)魏慶之《詩人玉屑》卷十二（北京中華書局，1959），頁 254。

(55)《梁溪先生文集》卷一百三十八。《四庫全書》本（臺北：商務印書館影文淵閣本，1986），頁 1126－572。

(56)見註⑭。

(57)同註⑳。

(58)宋濂《馬先生歲遷集序》。《文憲集》。卷六，頁 1223－406。

(59)同註㉜。

(60)同上註。

(61)同註(55)。

(62)見註㊸。

(63)同註㊲。

(64)同註㊲。

(65)《大隱集》卷七。《四庫全書》本（臺北：商務印書館影文淵閣本，1986），頁 1133－82。

(66)同註㊱。

(67)該書甲集卷下。《四庫全書》本（臺北：商務印書館影文淵閣本，1986），頁 865－548。

(68)《章泉稿》卷一。《四庫全書珍本別輯》（臺北：商務印書館影文淵閣本），頁 2。

(69)《白氏長慶集》卷六十一。頁 339。

(70)蔡傳《吟窗雜錄》。《歷代吟譜》卷二十三。

(71)《梅溪先生後集》卷二十七。《四部叢刊初編》（上海：商務印書館縮印明正統刊本），頁 475。

(72)《經進東坡文集事略》卷二。

⑬《乾道稿》卷上。《四庫全書珍本別輯》(臺北：商務印書館影文淵閣本)，頁10。

⑭《唐孫樵集》卷二。《四部叢刊初編》本(上海：商務印書館縮印明吳氏問青堂本)，頁10。

⑮見明姚廣孝等編《永樂大典》卷22，537集字韵。北京中華書局排印本。

⑯蘇軾《經進東坡文集事略》卷五十六。《四部叢刊初編》(上海：商務印書館縮印烏程張氏南海潘氏合藏宋刊本)，頁326。

⑰同註㉛。卷六。頁18。

⑱《後山全集》卷三。《四庫全書》本(臺北：商務印書館影文淵閣本，1986)，頁1114－538。

⑲同上註。卷四。頁1114－547。

⑳同註⑱。卷六。頁1114－568。

㉑見《與魯直書》。同⑱。卷十。頁1114－617。

㉒同註⑱。卷十一。同⑱。頁1114－615。

㉓同註⑯。卷六。

㉔同註⑯。卷二。

㉕《曹雲霖中丞從龍集序》。張煌言《張蒼水集》卷一(北京：中華書局，1959)，頁34。

㉖同上註。

㉗李善注《文選》卷四十五。見⑤。頁649。

㉘黃宗羲《朱人遠墓志銘》。《南雷文約》卷二。

㉙錢謙益《虞山詩約序》。見《初學集》卷三十二。《四部叢刊初編》(上海：商務印書館縮引崇楨癸未刊本)，頁339。

㉚錢謙益《純師集序》。《初學集》卷四十。《四部叢刊初編》本(上海：商務印書館縮印崇禎癸未刊本)，頁339。

㉛歸莊《吳余常詩稿序》。《歸莊集》。卷三(北京：中華書局，1981)，頁

182。

㉒錢謙益《書瞿有仲詩卷後》。《有學集》卷四十七。《四部叢刊初編》(上海：商務印書館縮印康熙甲辰初刻本)，頁462。

㉓黄宗羲《董撰事墓志銘》。《南雷文約》卷二。

㉔同註㊷。

㉕歸莊《梁公狄秋懷詩序》。《歸莊集》卷三（北京：中華書局，1981)，頁188。

㉖錢謙益《胡致果詩序》。同㉒。卷十八。頁169。

㉗《歸莊集》卷三。

㉘顧炎武《日知錄》卷十九。《四部備要》本。

㉙同上註。

⑩見《淸詩話》(北京：中華書局，1963)，頁888。

⑩陳維崧《陳迦陵文集》卷二。《四部叢刊初編》(上海：商務印書館縮印患立堂本)，頁27。

⑩劉熙載《藝概》。卷二。

⑩趙翼《甌北詩話》。《淸詩話續編》卷二（上海：上海古籍出版社，1983)，頁1160。

⑩見《淸詩話續編》。頁1411。

⑩見《淸詩話續編》，頁113。

⑩同上註。

⑩《淸詩話》。頁598－9。

⑩參閱拙作《宋人稱杜詩爲詩史說析評》。《中國古典文學批評論集》(香港：三聯書店，1986)。

# 清人對唐詩<br>分初盛中晚四期說的反應

以唐代詩作與詩人爲個案研究的，喜用初唐或盛唐等名稱來稱述有關的詩作與詩人，論析唐詩發展史的學者，更常用初唐、盛唐、中唐、晚唐的分期來敘述唐詩的發展。其實，以此四唐的分期來區分唐詩，曾經引起中國詩論界的熱烈討論。本文重在分析清代詩論者對這一個問題的看法，心態，以及他們如何尋求解決問題的辦法。最後統述我對文學史分期的意見。

## (一)

宋初詩論已開始取用晚唐或初唐的個別名稱來敘述某一特定時期的唐詩，如黃庭堅《答趙伯充》云：

「學晚唐人詩，所謂作法於涼，其弊猶貪，弊將若何！」①

但是並不普遍，直到南宋，取用者突然增多。如楊萬里欣賞晚唐詩，議論中就常提及晚唐。陸游、葉適等的作品也有用及晚唐、初唐等的字樣②。雖然還不曾以此來作爲唐詩分期的標準，實已提供嚴羽以此作爲唐詩分期的基礎。

從目前可以知道的資料，南宋的嚴羽是第一個將唐詩分期的詩論者。他把唐詩分爲五期，並在各期之後註明道：

「唐初體　唐初猶襲陳、隋之體

盛唐體　景雲以後，開元、天寶諸公之詩

大歷體　大歷十才子之詩

元和體　元和諸公

晚唐體　（無註）」③

然而只有唐初、盛唐、晚唐之稱，而無中唐之目。元楊士弘《唐音》於《唐音姓氏並序》中列楊烱、王勃、盧照鄰及駱賓王四人之作爲「唐詩始音」，列自武德至天寶末王績等六十五人之作爲唐初、盛唐詩，列自天寶至元和皇甫冉等四十八人之作爲中唐詩，列自元和至唐末賈島等四十九人之作爲晚唐詩，列自唐初至唐末方外及閨秀等十三人之作附遺響之末④。《唐音》雖然不專就世變論唐詩，但已訂立唐初、盛唐、中唐、晚唐之名目，爲明代高棅《唐詩之彙》之以初、盛、中、晚四期分期唐詩的發展奠定了基礎。高棅《唐詩品彙總叙》道：

「有唐三百年詩，衆體備矣，故有往體、近體、長短篇、五七言律句、絕句等制。莫不興於始，成於中，流於變，而陊之於終。至於聲律、興象、文詞、理致，各有品格高下之不同。略而言之，則有初唐、盛唐、中唐、晚唐之不同。」⑤

而在更細緻的劃分時，他把貞觀、永徽之時的作品定爲「初唐之始制」，把神龍以還，至開元初稱爲「初唐之漸盛」期；把開元、天寶間之作稱爲「盛唐之盛者」，把大歷、貞元中之作稱爲「中唐之再盛者」，把這時期下曁元和之際之作稱爲「晚唐之變」，而開、成以後之作稱爲「晚唐變態之極而遺風餘韻」者。⑥

依據以上三家的看法，我們可以將之列表如下，以見其間之不同：

| | 武德元年(618) | 景元元年(710) | 開元初(713) | 大歷元年(866) | 元和元年(806) | 太和九年(835) | 開成元年(836) | 大中元年(847) | 天佑三年(906) |
|---|---|---|---|---|---|---|---|---|---|
| 滄浪詩話 | 唐初 | | 盛唐 | 大歷 | 元和 | 晚唐 | | | |
| 唐音 | 初盛唐 | | | 中唐 | | 晚唐 | | | |
| 唐詩品彙 | 初唐 | | 盛唐 | 中唐 | 晚唐 | | | | |

## (二)

明人論唐時，多本初盛中晚之分期。朱彝尊《王先生言遠詩序》曾云：

「正、嘉以後言詩者，本嚴羽、楊士弘、高棅，一主乎唐而又析唐爲四。」⑦

錢謙益《唐詩英華序》亦云：

「世之論唐詩者，力必曰初、盛、中、晚，老師豎儒，遞相傳述。」⑧

至淸人，始有各種議論。或支持這種分期法者，如顧有孝《唐詩英華·凡例》云：

「風氣有初盛中晚之分，人品有貞淫誠僞之別，詩格有雄高輕逸絢麗清雅之殊，各自成象。」⑨

王士禎也表示：

「初盛有初盛之眞精神眞面目，中晚有中晚之眞精神眞面目。」⑩

梁章鉅《退庵隨筆》批評高棅《唐詩品彙》與王士禎《唐賢三昧集》，規勸學者先讀沈德潛《唐詩別裁》與淸康熙御定《全唐詩》，以求初盛中晚之分合正變，顯然亦同意唐詩可分初盛中晚

四期。其言云:

「唐詩前無好選本,高廷禮之《唐詩品彙》,可謂用心,而實啓後來無摛之端,膚廓之敝。故雖終明之世,館閣以此爲宗,而訖不能行遠。王漁洋不得謂非明眼人,其《古詩選》最傳於世,然五言不錄少陵、昌黎、香山、東坡、放翁,七言不錄香山;《唐賢三昧集》,則非惟昌黎、香山不載,即李、杜亦一字不登,皆令人莫測其旨。無已,而但求一平正通達之選,以爲初學金針,則沈歸愚之《唐詩別裁》,尚堪充數。此書規模初備,繩尺亦極分明。先熟復此書,而後博觀御定《全唐詩》,以求初盛中晚之分合正變可矣。」⑪

一些詩論者更進而仔細地將四唐的上下限予以分劃。徐增《而庵說唐詩》云:

「武德至開元前,爲初唐。
開元至大歷前,爲盛唐。
大歷至開成前,爲中唐。
開成至天佑末,爲晚唐。」⑫

冒春英《甚原詩說》:

「或問唐詩何以分初盛中晚之說?曰:初唐自高祖武德元年戊寅歲至玄宗先天元年壬子歲,凡九十五年。盛唐自玄宗開元元年癸丑歲至代宗永泰元年乙巳歲,凡五十三年。中唐自代宗大歷元年丙午歲至文宗大和九年乙卯歲,凡七十年。晚唐自文宗開成元年丙辰歲至哀帝天佑三年丙寅歲,凡七十一年。溯自高祖武德戊寅至哀帝末年丙寅,總計二百八十九年,分爲四唐。」⑬

宋明人的唐詩分初盛中晚的意見也在清代受到激烈的挑戰。

錢謙益在《唐詩英華序》指出：

「張燕公、曲江，世所稱初唐宗匠也。燕公自岳州以後，詩章淒惋，似得江山之助，則燕公亦初亦盛；曲江自荊州以後，同調風詠，尤多暮年之作，則曲江亦初亦盛；以燕公系初唐也，溯岳陽唱和之作，則孟浩然亦初亦盛。……⑭

並將矛頭直指嚴羽與高棅之論而駁斥道：

「世之論唐詩者，必曰初、盛、中、晚，老師豎儒，遞相傳述，揆厥所由，蓋創於宋季之嚴羽，而成於國初之高棅，承僞踵謬三百年於此矣。」⑮

吳喬《圍爐詩話》也表示：

「或問曰：初、盛、中、晚之界如何？答曰：商、周、魯之詩，同在《頌》；文王、厲王之詩，同在《大雅》；閔管蔡之《棠棣》，與刺幽王之《昊》《宛》，同在《小雅》；述后稷、公劉之《豳風》，與刺衛宣、鄭莊之篇，同在《國風》。不分時世，惟夫意在無邪，詞之溫柔敦厚而已。如是以論唐詩，則分初、盛、中、晚，宋人之皮毛之見耳。不惟唐人選唐詩，不分人之前後，即宋、元人所選，亦不定也。」⑯

薛雪《一瓢詩話》也說：

「論唐人切不可分初、盛、中、晚，論宋人切不可分南、北。未知近律，勿問古詩。詩學未到，莫望樂府。其餘雜體，一切掃卻，才是風雅正人。」⑰

金聖嘆更以激烈的口吻斥責道：

「初唐、盛唐、中唐、晚唐，此等名目，皆是近日妄一先生所杜撰。其言出入，初無準定，今後萬不可提置口頭，甚足以見其不知詩。」⑱

葉燮《百家唐詩序》贊揚《百家唐詩》這選集能脫俗而不取初盛中晚之名稱時，表示：

「……虞山席治齋虞部，……以著述爲己任，暇日出其篋衍所藏唐人詩，自貞元、元和以後，俗所稱爲中、晚唐人，得百餘家，……而付之梓'意以爲是也。時值古今詩運之中，與文運實相表裡，爲古今一大關鍵，灼然不易。奈何耳食之徒，如高棅、嚴羽輩，創爲初、盛、中、晚之目，自誇其鑒別，此鄉里學究所爲，徒見其陋而已矣。今觀百家之詩，諸公無不自開生面，獨出機杼，皆能前無工人，後開來學，諸公何嘗不自以爲初，不自以爲盛，而肯居有唐之中之地乎？虞部於此，不列開、寶以前，獨表元和以後，不加以中、晚之稱，統命之曰《唐人百家詩》，以分明詩之中天。後此千百年，無不從是以爲斷，豈俗儒紛紛之說所得而規模測量者哉！」⑲

由以上的各家說法，可以了解，反對唐詩分爲四期者，極力詆斥分期之不當；支持將唐詩分爲初、盛、中、晚四期者，沿用這分期以論析不同階段唐詩之特色，並且爲求分期更爲細緻與準確，更進而仔細地立定四唐的上下限。

## (三)

高棅對他之能區辨唐代不同時期的詩作，唐代不同詩人之詩作，是頗感到自傲的，並以此要求擬學唐詩之學者。在《唐詩品彙總叙》中，他說：

「今試以數十百篇之詩，隱其姓名，以示學者，須要識得何者爲初唐，何者爲盛唐，何者爲中唐，何者爲晚唐，又何者爲王、楊、盧、駱，又何者爲沈、宋，又何者爲陳拾遺，又何者爲李、杜，又何者爲孟，又何者爲儲，爲二王，爲二王，爲高、岑，爲常、劉、韋、柳，爲韓、李、張、王、元、白、郊、島之製，辯盡諸家，剖析毫芒。1方是作者。余夙耽於詩，欲窺唐人之藩籬，首踵其域，如墮終南萬疊間，茫然弗知其所往，然後左攀右涉，晨躋夕覽，下上陟頓，周遊歷十數年，厥中僻溪通莊，高門邃室，歷歷可指數，故不自揆。竊願偶心前哲，采摭群英，芟夷繁猬，裒成一集，以爲學唐者之壬徑。」⑳

在該書《凡例》中，高氏又指出：

「諸體集内立定正始、正宗、大家、名家、羽翼、接武、正變、餘響、旁流諸品目者，不過因有唐世次文章高下而分別諸卷，使學者知所趨向，庶不惑亂也。」㉑

又云：

「大略以初唐爲正始，盛唐爲正宗，大家、名家、羽翼，中唐爲接武，晚唐爲正變、餘響。方外、異人等詩爲旁流。間有一二成家，特立與時異者，則不以世次拘之，如陳子昂與太白列在正宗，劉長卿、錢起、韋、柳與高、岑諸人，同在名家者是也。」㉒

高棅尊初、盛唐詩而貶斥中、晚唐詩，實受到嚴羽的影響。嚴羽《滄浪詩話》云：

「禪家者流，乘有小大，宗有南北，道有邪正；學者須從最上乘，具正法眼。悟第一義。若小乘禪，聲聞辟支果，皆非正也。論詩如論禪，漢魏晉與盛唐之詩，則第一義也。大歷以還之詩，則小乘禪也，已落第二義矣。晚唐之詩，則聲聞辟支果也。學漢魏晉與盛唐詩者，臨濟下也。學大歷以還之詩者，曹、洞下也。」㉓

又云：

「近世趙紫芝、翁靈舒輩，獨喜賈島、姚合之詩，稍稍復就清苦之風；江湖詩人多效其體，一時自謂之唐宗；不知止入聲聞辟支之果，豈盛唐諸公大乘法眼者哉！嗟乎！正法眼之無傳久矣。唐詩之說未唱，唐詩之道或有時而明也。今既唱其體曰唐詩矣，則學者謂唐詩誠止於是耳，得非詩道之重不幸邪！故予不自量度，輒定詩之宗旨，且借禪以為喻，推原漢、魏以來，而截然謂以盛唐為法，雖獲罪於世之君子，不辭也。」㉔

清代詩論者對高棅《唐詩品彙》之立正始、正宗、大家、旁流、餘響等名目，顯然有不同的意見。或全盤推翻者，如吳喬《圍爐詩話》云：

「自《品彙》嚴作初、盛、中、晚之界限，又立正始、正宗以至旁流、餘響諸名目，但論聲調，不問神意，而唐詩因以大晦矣。」㉕

朱彝尊《王先生言遠詩序》云：

「正、嘉以後言詩者，本嚴羽、楊士弘、高棅，一主乎唐而又析唐為四。以初、盛為正始、正音，目中、晚唐為接武、遺響，斤斤權格律聲調之高下，使出於一。吾言其志，將以唐人之志為志；吾持其心，乃以唐人之心為心。其於吾心性何與焉？」㉖

或支持但有修訂者，如王士禛《香祖筆記》云：

「宋、元論唐詩，不甚分初、盛、中、晚，故《三體》、《鼓吹》等集，率詳中、晚而略初、盛，攬之憒憒。楊仲弘《唐音》，始稍區別，有正音、有餘響，然猶未暢其說，間有五謬。迨高廷禮《品彙》出‘所謂正始、正音、大家、名家、羽翼、接武、正變、餘響，皆井然矣。獨七言古詩，以李太白爲正宗，杜子美爲大家，王摩詰、高達夫、李東川爲名家，則非是。三家者，皆當爲正宗。李、杜均爲大家，岑嘉州而下爲名家，則確然不可易矣。」㉗

自嚴羽、高棅標舉盛唐詩，明人特別是前後七子，奉爲詩論綱領，從多方面將盛唐詩推至一個極高的地位。如前七子之謝榛道：

「七言絕句，盛唐諸公用韻最嚴；大歷以下，稍有旁出者。作者當以盛唐爲法。盛唐人突然而起，以韻爲主，意到辭工，不假雕飾；或命意得句，以韻發端，渾成無跡，此所以爲盛唐也。」㉘

後七子之王世貞道：

「盛唐之於詩也，其氣完，其聲鏗以平，其色麗以雅，其力沈以雄，其意融而無跡。故曰盛唐其則也。」㉙

胡應麟《詩藪》亦云：

「詩之筋骨，猶木之根幹也；肌肉，猶枝葉也；色澤，猶花蕊也。筋骨立於中，肌肉榮於外，色澤神韻充溢其間，而後詩之美善備，猶木根幹蒼然，枝葉蔚然，花蕊爛然，而後木之生意完。斯意也，盛唐諸子庶幾近之。」㉚

這種重初盛唐而輕中晚唐之詩見一直影響至清代。清代詩論者乃從多方面比較論析四唐詩之高下。如宋犖《漫堂說詩》云：

「平心而論，初唐如花之石苞，英華未卷；盛唐王維、李頎、岑參諸公，聲調氣格，種種超越，允爲正宗；中、晚之錢、劉，亦悠揚婉麗，渢渢乎雅人之致；義山造意幽邃，感人尤深。學者皆宜尋味。」㉛

李沂《秋星閣詩話》云：

「……人皆知當學唐詩，而乃有云不必學唐詩者；人皆知當學盛唐，而乃有云不必學盛唐者，此好立異之過也。……初唐乍興，正始之音，然尚帶六朝餘習；盛唐始盡善，中、晚如強弩之末，氣骨日卑矣。」㉜

朱庭珍《筱園詩話》云：

「宋、齊以後，綺麗則無氣骨，雕刻則乏氣韻，工選句而不解謀篇，淺薄極矣。沿至唐初，積習未革。至盛唐，而射洪、曲江力起其衰，復歸於古。太白、子美，同時並駕中原。太白爲詩中仙，子美爲詩中聖，屹然兩大，狎主齊盟。而王、孟、高、岑、東川、左司諸家，並極一時之選，羽翼風雅，盛矣哉！其詩之中天乎？大歷以降，風調漸損。故昌谷以雄奇勝，元、白以平易勝，溫、李以博麗勝，郊、島以幽峭勝，雖品格不一，皆能自成局面，亦皆力求其變者也。即張、王、皮、陸之屬，非無意翻新變故者，特成就狹小耳。晚唐衰極，五代詩亡，幾掃地盡。」㉝

牟願相《小澥草堂雜論詩》道：

「初唐王、楊四子，創開草昧，頗類項王。至陳子昂之古，張九齡之秀，宋之問之健，乃足貴耳。」㉞

又道：

「詩至盛唐，至矣。中唐如韓退之、孟東野、李長吉、白樂天，雖失刻露，要各具五丁開山之力。至晚唐諸公，乃僅僅以律句絕句自喜耳。」㉟

又道：

「中唐詩以道得人心中事爲工，意盡而語竭。元、白以煩，張、王以簡，孟東野詩瘦骨崚嶒，不幸令人以賈島匹之。」

㊱

反對者則以各期時的詩作各有優劣，不能以時來定作品的好壞。如葉燮《原詩》道：

「論者謂晚唐之詩，其音衰颯。然衰颯之論，晚唐不辭也。若以衰颯爲貶，晚唐不受也。夫天有四時，四時有春秋。春氣滋生，秋氣肅殺。滋生則敷榮，肅殺則衰颯。氣候之不同，非氣有優劣也。使氣有優劣，春與秋亦有優劣乎？故衰颯以爲氣，秋氣也；衰颯以爲聲，商聲也。俱天地之出於自然者，不可以爲貶也。又盛唐之詩，春花也，桃李之穠華，牡丹芍藥之妍艷，其品華美貴重，略無寒瘦儉薄之態，固足美也。晚唐之詩，秋花也。江上之芙蓉，籬邊之叢菊，極幽艷晚香之韻，可不爲美乎？……執盛與晚之見者，即其論以剖明之，當亦無煩辭說之紛紛也已。」㊲

論者甚至直斥嚴羽等人之標舉盛唐詩。錢謙益《徐元嘆詩序》云：

「宋之學者，祖述少陵，立魯直爲宗子，遂有江西宗派之說。嚴羽卿辭而闢之，而以盛唐爲宗，信羽卿之有功於詩也。自羽卿之說行，本朝奉爲律令，談詩者必學杜，必漢、魏、盛唐，而詩道之榛蕪彌甚。羽卿之言，二百年來，遂若涂鼓之毒藥甚矣。」㊳

也攻擊嚴羽之以禪派論四唐詩高下之處理。如錢謙益《唐詩英華序》云：

「……嚴氏以禪喻詩，無知妄論。謂漢、魏、盛唐爲第一義，大歷爲小乘禪，晚唐爲聲聞辟支果，不知聲聞辟支，即小乘也。謂學漢、魏、盛唐爲臨濟宗，大歷以下爲曹、洞宗，不知臨濟、曹、洞，初無優劣也。」㊴

馮班《鈍吟雜錄》亦云：

「乘有大小是也。聲聞辟支則是小乘。今云大歷以還是小乘，晚唐是聲聞辟支，則小乘之外，別有權乘，所未聞一也。……滄浪雖云宗有南北，詳其下文，都不指喻合事，卻云臨濟、曹、洞。按臨濟禪師，曹山寂禪師、洞山價禪師三人，並出南宗，豈滄浪誤以子宗爲南北乎？所未聞二也。臨濟、曹、洞，機用不同，俱是最上一乘，今滄浪云：大歷以還之詩，小乘禪也。又云：學大歷已還之詩，曹、洞下也。則以曹、洞爲小乘矣。所未聞三也。」㊵

陳繼儒《偃曝談餘》亦云：

「臨濟、曹、洞，有何高下？」㊶

吳喬《答萬季野詩問》也批評道：

「禪深微，詩粗淺。嚴氏以深微者譬粗淺，既已顛倒，而所引臨濟、曹、洞等語，全無本據，亦何爲哉？」㊷

也有些詩論者支持四唐之分，並以禪論詩者，不過卻不同意嚴羽之以禪派來析論唐詩。如徐增云：

「嚴滄浪以禪論唐初、盛、中、晚之詩，虞山錢先生駁之甚當。愚謂滄浪未爲無據，但以宗派硬爲分配，妄作解事。滄浪病在不知禪，不在以禪論詩也。」㊸

而王士禎則大力支持嚴氏之說：

「嚴儀卿所謂如鏡中花，如水中月，如水中鹽味，如羚羊掛角，無跡可求。皆以禪理喻詩，内典所云：不即不離，不黏不脱；曹、洞宗所云参活句是也。熟看拙選《唐賢三昧集》，自知之矣。」㊹

## (四)

唐詩的分期問題，不僅是一代的詩歌發展的分期問題，所涉及的方面，也與整個中國文學史的分期有關。要探討這個問題，首先要肯定的是，有沒有必要將一個有機的、連續性發展的文學史切斷割爲幾個不同的時期，從而論析各個不同時期的文學特色？我的看法是，中國文學史的發展，爲時數千年，如果不將之分爲若干期，怎麼可能把各個時期的特色較爲清楚的說明呢？唐詩的發展，較之整個中國文學史，爲時雖然要短得多，然而上下也有數百年。而且唐詩是中國詩歌發展的鼎盛階段。在數百年的唐詩發展中，也很明顯的，正如嚴羽、高棅、宋犖等人所說明的，有好幾個不同階段的特色。因此將之分爲幾個時期，如把它分爲初、盛、中、晚四期原是無可厚非的。問題在於我們對待這種分期的原則與態度。嚴羽的分期法也好，楊士弘的分期法也好，高棅的分期法也好，甚至是淸楚列明各個時期上下限的冒春英的分法也好。分期只能當作一個參考的依據，而不能作爲絕對劃分各個時期的詩作優劣的標準。王世懋曾經表示：

「唐律由初而盛，由盛而中，由中而晚，時代聲調，故自必不可同。然亦有初而逗盛，盛而逗中，中而逗晚者。何則？逗者，變之漸也。非逗故無繇變。……學者固當嚴於格調，然必唯盛唐人無一語落中，中唐人無一語落盛，則亦固哉其言詩矣。」㊺

所以冒春英在仔細分別唐詩四期的上下限之後，說：

「然詩格雖隨氣運變遷，其間轉移之處，亦非可以年歲限定。況一人而經歷數朝，今雖分別年歲，究不能分一人之詩，以隸每年之下。甚之以訛傳訛，或一詩而分載數人，

或異時而互爲牽引，則四唐之強分彊界，毋亦刻舟求劍之說邪？然初盛中晚之年等起訖，初學又不可不識之。」㊻

李重華《貞一齋詩說》亦云：

「……初、盛、中、晚，詩評者約略之詞，以觀風氣之大概耳，未足定才力高下；然猶唐、宋時代之異，未可一概優劣也。」㊼

能夠如此對待唐詩之分期，則錢謙益所提出的張燕公詩亦初亦盛，孟浩然詩亦盛亦初的疑惑當可解決。

唐詩分四唐，目的在進一步說明各期詩作的特色，切切不能有凡是初、盛爲盛，中、晚爲衰的一般化的看法；而應就詩論詩，就個別詩人的表現而作出個別的評價。粗暴地一味歌頌初、盛唐詩，而貶斥中、晚唐詩，不是客觀的論詩態度。即使是尊奉初、盛唐詩的嚴羽，也不得不說：

「盛唐人詩，亦有一二濫觴晚唐者；晚唐人詩，亦有一二可入盛唐者，要當論其大概耳。」㊽

因此，尊奉盛唐詩而詆毀中、晚唐詩的一些前後七子的見解，乃遭到清代詩論者之譏諷了。如吳喬《圍爐詩話》云：

「弘、嘉瞎盛唐之走一路，學成空殼生硬套子，不問何題，一概用之，詩道遂成異物。七律，盛唐極高，而篇數不多，未得盡態極妍，猶《三百篇》之正風正雅也。大歷已多，開、成後尤多，盡態極妍，猶變風變雅也。夫子存二變，而弘、嘉人嚴擯大歷、開、成，識見高於聖人矣。」㊾

從以上的論析，我們可以看到，在對待唐詩分期的論見上，清人的態度是較宋、明人來得豁達得多了。他們不會拘守公式化與一般化的見解，即使是同意將唐詩分爲四期者，也能本於就詩作與詩人的評價提出意見。至於不同意這種分期法的，也敢於提出他們的主張，甚而有力地抨擊前人的說法。清代詩論者的這種論詩態度，不僅在唐詩分期的問題上表現出來，我在論析歷代詩論者對杜甫詩爲詩史的問題時，已覺察到這一點。㊿這是本文願意力加強調說明的。至於爲了推崇盛唐，從而貶斥宋、元詩的各種說法與議論，因爲不在本文討論的範圍之內，也就不加闡述了。

**【註　釋】**

①黃庭堅《山谷老人刀筆》。卷四。

②如楊萬里《讀〈竺澤叢書〉》三首之一云:「竺澤詩人千載香，一回一讀斷人腸。晚唐異味同誰賞？近日詩人輕晚唐。」《誠齋集》卷二十七。《四部叢刊初編》。上海商務印書館、又《答徐子材談絕句》云:「受業初參且半山，終須投換晚唐間。國風此去無多子，關捩挑來只等閑。」(同上卷三十五)，又如陸游《追感往事》云:「文章光焰伏在起，甚者自謂宗晚唐。歐曾不生二蘇死，我欲痛哭天茫茫!」(《劍南詩稿》。卷四十五)。《四部叢刊初編》。上每商務印書館。又《宋都漕屢寄詩，且督和答，作此示之》也有「及觀晚唐作，令人欲絕筆。此風近復熾，隙穴始難窒。淫哇解移人，往往喪妙質。」(同上卷七十九) 葉適亦云:「初唐詩久廢，君與其友徐照、翁卷、趙師秀議曰：昔人以浮聲切響、單字隻句計巧拙，蓋風、騷之至精也。近世乃連篇累牘，汗漫而無禁，豈能名家哉?」(《水心文集》卷二十一)

③郭紹虞《滄浪詩話校釋》。頁48。北京人民出版社。1961年。

④楊士弘《唐音》。《四庫全書》。台北商務印書館影文淵閣本。

⑤高棅《唐詩品彙》。頁8。上海古籍出版社。1981年。

⑥同上書。頁9。

⑦見朱彝尊《曝書亭集》。卷三十八。頁318。《四部叢刊初編》。上海商務

印書館。

⑧錢謙益《有學集》。卷十五。頁 126。《四部叢刊初編》。上海商務印書館。

⑨顧有孝《唐詩英華》。清刻本。

⑩王士禎《燃燈紀聞》。《清詩話》。頁 122。北京中華書局。1963 年。

⑪梁章鉅《退庵隨筆》。《清詩話續編》。頁 1973。上海古籍出版社。1983 年。

⑫徐增《而庵說唐詩》。頁 3。鄭州中州出版社。1990 年。

⑬冒春英《甚原詩說》卷之三。《清詩話續編》。頁 1607。上海古籍出版社。1983 年。

⑭錢謙益《有學集》。卷十五。頁 126。

⑮同上註。

⑯吳喬《圍爐詩話》。卷之三。《清詩話續編》。頁 551。上海古籍出版社。1983 年。

⑰薛雪《一瓢詩話》。《清詩話》。頁 707。北京中華書局。1963 年。

⑱金聖嘆《達敦廈法師》。《金聖嘆全集》㈣。頁 61。江蘇古籍出版社。1985 年。

⑲葉燮《己畦文集》。卷八。頁六。康熙二葉草堂刊本。

⑳高棅《唐詩品彙》。頁 9。

㉑同上書。頁 14。

㉒同上註。

㉓同註③。頁 10。

㉔同註③。頁 24 至 25。

㉕同註16。

㉖同註⑦。

㉗王士禎《香祖筆記》。卷六。

㉘謝榛《四溟詩話》。卷一。頁 5。《續歷代詩話》。台北藝文印書館。

㉙王世貞《徐汝思詩集序》。《弇州山人四部稿》。卷六十五。頁6。

㉚胡應麟《詩藪》外編。卷五。頁198。北京中華書局。1958年。

㉛宋犖《漫堂說詩》。《淸詩話》。頁419。北京中華書局。

㉜李沂《秋星閣詩話》。《淸詩話》。頁913。北京中華書局。

㉝朱庭珍《筱園詩話》卷一。《淸詩話續編》。上海古籍出壯社。頁2329。

㉞牟願相《小澥草堂雜論詩》。《淸詩話續編》。上海古籍出壯社。頁918。

㉟同上註。頁919。

㊱同上註。

㊲葉燮《原詩》外篇下。《淸詩話》。頁605。北京中華書局。

㊳錢謙益《初學集》。卷三十二。頁340至341。《四部叢刊初編》。上海商務印館。嚴羽，字儀卿，錢氏作羽卿，誤。

㊴錢謙益《有學集》。卷十五。頁127。

㊵馮班《鈍吟雜錄》。卷五。頁一至二。台北廣文書局。

㊶陳繼儒《偃曝談餘》。《叢書集成初編》。

㊷吳喬《答萬季野詩問》。《淸詩話》。頁29。北京中華書局。

㊸徐增《而庵詩話》。《淸詩話》。頁431至432。北京中華書局。

㊹王士禎《師友詩傳錄》。《淸詩話》頁150。北京中華書局。

㊺王世懋《藝圃擷餘》。《歷代詩話》。頁776至777。北京中華書局。1981年。案：淸田同之亦有相同的論說。《西圃詩說》云：「唐律由初而盛，由盛而中，由中而晚。時代聲調，故不可同。然亦有初而逗盛，盛而逗中，中而逗晚者。選者固當嚴於格調，然必謂盛唐人無一語落中，中唐人無一語入盛，則亦固哉其言詩矣。」(淸詩話續編)。頁749。上海古籍出版社。可謂全本王世懋。

㊻同註13。

㊼李重華《貞一齋詩說》。《淸詩話》。頁336。北京中華書局。1963年。

㊽郭紹虞《滄浪詩話校釋》。頁132。

㊾吳喬《圍爐詩話》卷三。《清詩話續編》。頁 552 至 553。

㊿楊松年《明清詩論者以杜詩爲詩史說析評》。《中國古典文學批評論集》。頁 163 至 184。香港三聯書店。1987 年。

# 范仲淹的詩文理論與北宋文化的形成

范仲淹論詩談文的作品不多，爲了紀念範仲淹誕辰一千年而特意抬高他在中國文學評論史的地位是完全沒有必要的。不過他的詩文理論，的確能表現北宋文化的主體精神，對北宋文化的形成有一定的關係，而一般研究範仲淹的著作，多注重他的軍功政業、教育詩詞，分析他的詩文理論的不多，言及他的詩文理論與北宋文化特色的關係的尤少，這是作者撰寫本文的重要原因。

## ㈠

中國社會發展至中唐，商業的迅速發展，造成了都會與市民的勃興，土地兼并結果造成莊園的發展，貧民知識階層亦因之興起，而科舉制度使得世族欲取得權位，就必須藉之以登進，從而形成世族知識階層；寒門欲提升社會地位，也須藉之達到目的。知識階層的勃興遂成爲中唐以後社會的一個特色。①

安史之亂後，外族入侵，流寇四起使得國家面臨重重的危機，這一切刺激了當時的知識分子對各種文體的深刻反思，也就是一些學者所說的當時士階層的覺醒。②仇視異族的民族思想致使他們主張嚴夷夏之防，而排斥外來的佛學致使他們主張儒學，進而強調道統文統的意義。③爲求在政壇上能扮演更重要的角色，他們發揚政諫④之風，主張教化爲政治之本，以達到化成天下的目的。⑤甚而在學術上，大膽疑古，以求創新。⑥

上述的這一切深深地影響宋代文化。唐人嚴夷夏之防而重視

《春秋》，宋人的民族意識更爲強烈，也好談《春秋》，并卑視外族。⑦中唐人提倡儒學，然其學說實亦多談佛學之義；宋代儒學更獲得高度發展，不但強調堯舜孔孟之道，其學亦與佛道融合，而成爲高度發展的理學。⑧中唐人認識到士人政諫的重要性，而宋人重文人政治，在科舉制度復興之下，士人更以政諫爲己任。⑨中唐人主張教化爲政治之本，這些意見更是許多宋代學者經常言及的話題。所以一些學者以宋代文化本之於中唐以後的文化，是有其根據的。

然而，以唐、宋的知識分子的品格鬱積當時的學風來說，唐遠不如宋。王夫之《讀〈通鑒〉論》嘗比較唐、宋士人之品格云：

> 「唐自立國以來，競爲奢侈，以衣裘僕馬亭榭歌舞相尚，而形之歌詩論記者，誇大言之，而不以爲怍。漢愈氏自詡以知堯、舜、孔、孟之傳者，而戚戚送窮，淫詞不忌，則人心氣慨可知矣。迨及白馬之禍，凡錦衣珂馬，傳觴挾妓之習，潛焉銷盡。繼以五代之凋殘，延及有宋，膻風已息。故雖有病國之臣，不但王介甫之清介自矜，務遠金銀之氣；即如王欽若、丁謂、呂夷甫、章惇、邢恕之奸，亦終不若李林甫、元載、王涯之狼藉，且不若姚崇、張說、韋臯、李德裕之豪華；其或毒民而病國者，又但以名位爭衡，而非籠絡官邪之害。此風氣之一變也。」⑩

臺靜農《論唐代士風與文學》一文，更從唐初士人與宮廷之關係，唐代進士放狎妓，舉子投獻上司，文人邀結權貴，趨附權臣等之陋習，暢言唐代士風之壞。⑪所以范祖禹云：

> 「漢之黨尚風節，故政亂於上，而俗清之下，及其亡也，人猶畏義而有不爲；唐之黨趨勢利，窮勢利盡而止，故其

衰季，士無操行。」⑫

王應麟亦云：

「漢黨錮以節義，群而不黨之君子也；唐朋黨以權利，比而不周之小人也。漢之君子，受黨之名，故其俗清；唐之小人，行黨之實，故其俗弊。」⑬

然而，唐、宋士風之變，并非易朝換代立即渙然一新。晚唐五代是武人政治，社會秩序混亂，人倫關係大壞。當時的士人士氣消沉。王夫之《讀〈通鑒〉論》云：

「生斯時也，鄭遨尚矣；陳摶托仙以自逸，其亦可矣；司空圖、韓偓進不能自靖，而退以免於污辱，其尚瘥乎！又其下者，梁震、羅隱、孫光憲之寓食於偏方，而不爲乱首；更不能然，則周庠、嚴可求、韋莊小效於割據之主，猶知延禍之非，而免於天人之怨怒。」⑭

龔鵬程《江西詩社宗派研究》亦指出：

「五代處晚唐士氣極銷之後，得全節之士三，死事之臣五，而怪士之被服儒以學古自名，而享人之祿任人之國者多矣(《新五代史·雜傳》第四十二)。其達者，不爲和成績之浮艷，則爲楊少師之縱誕；馮正中廁身五鬼之列，韓熙載著名夜宴之圖，花間名集，稽神著錄，求其化成人文，以聖賢道義自期者，蓋不數數覯也。其他如貫休、可朋、齊己，隱於僧；譚峭、林光庭，隱於道；孟貫、劉洞、史虛白、沈彬、陳陶、陳貺、唐求、黃損、翁宏、廖融、王元，隱於山。既脫屣於政局，乃抛心力於詩篇，所作則類乎孟郊、賈島也。……足見五代詩風，因襲晚唐，而尤不足以自報，以士風已銷也。」⑮

因此，處於宋初社會安定局面，而朝廷又重視文人政治的背景之下的知識分子，自然希望能有一番興革。例如晏殊興學以求復興道統，即爲一例。⑯而田錫、王禹偁、范仲淹、歐陽修等人，尤有杰出的貢獻，是宋代學風、文風的創立者。而在他們的努力之下，宋型文化逐漸形成。《宋史·忠義傳》云：

「士大夫忠義之氣，至於五季，變化殆盡。宋之初興，范質、王溥，猶有餘憾，況其他哉！藝祖首褒韓通，次表衛融，足示意向。厥後西北疆埸之臣，勇於死敵，往往無懼。眞、仁之世，田錫、王禹偁、范仲淹、歐陽修、石介諸賢，以直言讜論倡於朝。於是中外縉紳，知以名節相尚，盡去五季之陋矣。」⑰

## ㈡

范仲淹「出處窮困」，⑱「布素寒姿」，⑲但「少有大節，於富貴、貧賤、毀譽、歡戚，不一動其心，而慨然有志於天下」。⑳他曾經表示：士當先天下之憂而憂，後天下之樂而樂。㉑於祥符八年（1015年）「登蔡齊榜，中乙科第九十七名試」㉒之後，就大力發揮所學，在士風的端正上，在學術的推動上，在吏治的改革上，甚而在科舉制度上、耕制上、軍功上，都有突出的表現。

他的詩文理論，和他的學術思想、施政看法有密切的關係。

他曾經根據《禮記·樂記》之「情動於中，故形於聲，聲成文謂之音」一語表示：詩的寫作，是表露人心的活動的。《賦林衡鑒序》云：

「人之心也，發而爲聲；聲之出也，形而爲言。聲成文而音宣，言成文而詩作。」㉔

不同的情感就形成不同的詩歌風格。《唐異詩序》云：

「嘻！詩之爲意也，範圍乎一氣，出入乎萬物，卷舒變化，其體甚大。故夫喜焉如春，悲焉如秋，徘徊如雲，崢嶸如山，高乎如日星，遠乎如神仙，森如武庫，鏘如樂府，羽翰乎教化之聲，獻酬乎仁義之醇。」㉕

又云：

「詩家者流，厥情非一。失志之人，其辭苦；得意之人，其辭逸；樂天之人，其辭達；覯閔之人，其辭怒。」㉖

范氏極重人之品格，嘗云：

「前王詔多士，咸以德爲先。道從仁義廣，名由忠孝全。」㉗

他也曾自言他本人：

「平生仗忠義，盡室任風波。」㉘

在他的詩文中，就多歌頌松桂、松柏，因爲：

「松桂有佳色，不與衆芳期。」㉙

又云：

「堯舜受命於天，松柏受命於地，則物之有松柏，猶人之有堯、舜也。」㉚

所以稱松樹爲君子樹。又由於他的先人的廬居植有此樹，乃稱其西齋爲歲寒堂；樹側有樓閣，稱之爲松風閣。㉛并云：

「持松之清，遠耻辱矣；執松之勁，無柔邪矣；秉松之色，義不變矣；揚松之聲．名彰顯矣；有松之心，德可長矣。念兹在兹，我族其光矣。子子孫孫，勿翦勿伐，惟吾家之舊物在，嚴寒而後知天地憐其材，而況於人乎？」㉜

因此在評論作者時，除論其文，亦重其行。如《祭陳相公文》云：

「惟公挺生聖時，素懷偉志，高文醇醇，得聖賢之粹；大

節落落，鍾公輔之器。」㉝

所以他說：

「經曰：君子之道，暗然而日章。嘗試觀之。士果有文與行，不據高享大而後顯，雖林壑之幽，逝而不泯者，蓋有稱焉。」㉞

對他來說，詩文雖是表露作者的心靈活動，但并不是所有的情感的呈露，都可以成爲他所肯定的詩文。受他肯定的詩文，須具有道之情。他說：

「君子著雅言，以道不以時。」㉟

他所稱之「道」，即爲全面所提及的「得聖賢之粹」的「道」，也就是儒家的「道」。《賦林鑒衡序》云：

「聖人稽四始之正，筆而爲經，考五聲之和，鼓以爲樂。是故言依聲而成象，詩依樂而宣心，感於人神，穆乎風俗。」㊱

這和他的教育思想、哲學思想、政治思想之強調儒學道統一致。在教育內容上，他曾大力提倡教導五經的重要性，并認爲是治國的根本關鍵。他說：

「夫善國者莫先有才。有才之方莫先勸學。勸學之要莫尚宗經。宗經則道大，道大則才大，才大則功大。蓋聖如法度之言存乎《書》，安危之幾存乎《易》，得失之鑒存乎《詩》，是非之辨存乎《春秋》，天下之制存乎《禮》，萬物之情存乎《樂》。故俊哲之人，入乎六經，則能服法度之言，察安危之幾，陳得失之鑒，明天下之制，經萬物之情。使斯人之徒，輔成王道，復何求焉？」㊲

在哲學思想上，他提倡聖道，闡揚道統。他說：

「某聞先知覺后知，先覺覺后覺，伊尹之心也。伊尹之心，哲人傳焉。故賢賢相與，其道不息，若現若隱者，則惟時爾。使伊尹之心，邈乎無傳，則賢賢相廢，來代以降，豈復有致君堯、舜，覺天下之後者哉!」㊳

因此舉薦當時士子，乃重於取其人是否「有道」或通經術。如薦李覯云：

「(李覯) 竭力養親，不復干祿，鄉曲異之，從而師之，善講論六經，辯博明達；釋然見聖人之旨，著書立言，有孟軻、揚雄之風氣，實無愧於天下之士。」㊴

薦孫復云：

「素負詞業，深明經術；今退隱泰山，著書不仕，心通聖奧，迹在窮谷。」㊵

贊文學作者，也是如此。如贊曹使君云：

「泉南曹使君，詩源萬里長。復我百余言，疑登孔子堂。聞之金石音，純純自宮商。念此孤鳴鶴，聲應來遠方。相期養心氣，彌天浩無疆。鋪之被萬物，照之諧三光。此道果迂闊，陶陶吾醉鄉。」㊶

《太清宮九咏序》云：

「夫人托文而志深，物乘文而名遠。如揚子雲之綿竹，王文孝之靈光，孫興公之天臺，皆揮藻一時，騰照千載矣。嘻! 彼物也，庇聖賢之居而能長久，後果動君子之風雅，以發乎名。矧人也，庇聖賢之道則能高明，果亦動天下之聲，以揚其烈。」㊷

於《南京府學生朱從道名述》一文，更可見及范氏哲學思想與文學思想兩者在重道之看法上相關相通之密切關係。他說：

「道者何? 率性之謂也。臣則由乎忠，子則由乎孝；行己由乎禮，制事由乎義，保民由乎信，待物由乎仁。此道之端也。子將從之乎？然後可以言國，可以言家，可以言民，可以言物，豈不大哉！若乃誠而明之，中而和之，揖讓乎聖賢，蟠極乎天地。此道之致也。必大成於心，而後可言焉。」

又云：

「抑文與學，道之器也。以君子乘之，則積而不敗；不以君子乘之，則滿而致覆。」

又云：

「廓清學校，騰休都邑，俾夫多識聳善，庶邦成流。格美俗於詩書，被頌聲於金石，致我宋之文炳焉，復三代之英。」

他理想中的詩文與政治是：

「人樂名教，復鄒、魯之盛；士為聲詩，登周、召之美。」㊸

又如《依韵答提刑張太博嘗新醞》所咏唱的：

「作詩美嘉會，調高繼無因。但願天下樂，一若樽前身。長載堯、舜主，盡作羲、黄民。耕田與鑿井，熙熙千萬春。」㊹

前文提及范仲淹《賦林衡鑒序》云：「人之心也，發而為聲。聲之出也，形而為言。聲成文而音宣，言成文而詩作。」在他的觀念中，詩與樂的關係是極為密切的。他對樂的看法也和對詩文的見解一樣。他稱頌聖人作琴以和天下。《與唐處士書》云：

「蓋聞聖人之作琴也，鼓天下之和而和天下，琴之道大乎哉！」㊺

《聽眞上人琴歌》云：

「乃知聖人情慮深，將治四海先治琴。」㊻

對樂之佳者，更稱之爲「正始音」。同上詩云：

「感君遺我正始音，何以報之千黃金。」㊼

稱之爲「堯舜曲」。《鳴琴》云：

「思古理鳴琴，聲聲動金玉。何以報昔人，傳此堯舜曲。」㊽

甚而以韶樂來比擬友人的作品。如《得李四宗易書》云：

「秋風海上憶神交，江外書來慰寂寥。宋柏舊心當化石，塤箎新韵似聞韶。」㊾

所以他大力贊揚能「抑末揚本，去鄭復雅」，秉承古道的作者，而抨擊「體弱」及「刻辭鏤意」，「專事藻飾，破碎大雅」的文風。《尹師魯河南集序》云：

予觀堯典舜歌而下，文章之作，醇醨迭變，代無窮乎！惟抑本揚末，去鄭復雅，左右聖人之道者難之。近則唐正元、元和之間，韓退之主盟於文，而古道最盛。懿、僖以降，浸及五代，其體薄弱。皇朝柳仲塗起而麾之，髦俊率從焉。仲塗門人能師經探道，有文於天下者多矣。洎楊大年以應用之才，獨步當世，學者刻鏤辭意，有希仿佛，未暇及古也。其間者，專事藻飾，破碎大雅，反謂古道不適於用，廢而弗學者久之。洛陽尹師魯少有高識，不逐時輩，從穆伯長游，力爲古文，而師魯深於《春秋》，其文謹嚴辭約而理精。章奏疏議，大見風采，士林方聳慕焉，遽得歐陽永叔從而大振之，由是天下之文一變，而其深有功於道歟？㊿

《唐異詩序》亦云：

五代以還，斯文大剝，悲哀爲主，風流不歸。皇朝龍興，頌聲來復，大雅君子，當抗心於三代。然九州之廣，庠序不作；五始之奧，講議蓋寡。其或不知而作，影響前輩，因人之尚，忘己之實，吟咏性情，而不顧其分。風賦比興，而不觀其時；故有非窮途而悲，非亂世而怨。華車有寒苦之迹，白社爲驕奢之語，學步不至，效顰則多；以致靡靡增華，愔愔相濫。仰不主乎規諫，俯不主乎勸戒，抱《鄭》《衛》之奏，責夔、曠之賞，游西北之流，望江海之宗者有矣。⑤①

范仲淹既以詩言人之情志，又以「得失之鑒存乎詩」，自然肯定時風與文風的密切關係。《上時相議制舉書》云：

某聞前代盛衰，與文消息。觀虞、夏之純，則可知王道之正；觀南朝之麗，則知《國風」之衰。⑤②

而欲挽救時風、文風，範氏又回到勸學與復興科舉的課題上來。他說：

惟聖人質文相救，變而無口；前代之季，不能自救，則有來者起而救之。是故文章口薄，則爲君子之憂；風俗其壞，則有來者之資。今朝廷思救其弊，興復制科，不獨振舉滯淹，詢訪得失，有以勸天下之學，育天下之才，是將復小爲大，抑薄歸厚之時也。斯文丕變，在此一舉。⑤③

范氏又以爲：人情與萬物能相互往來。《送歐伯起》詩云：

「天與神游忽解攜，一溪風月更同誰?」⑤④

「天與神交」，即是此意。不但山水能觸動作者之情，使作者情思充沛，如《送湛公歸四明講席》詩云：

「滿面南風指四明，山長水曲不勝情。」⑤⑤

山水也能領會人之情。《登表海樓》云：

「一帶林巒秀復奇，每來憑欄即開眉。好山深會詩人意，留得夕陽無限時。」⑤⑥

而且詩人從山水，亦可得其神氣。《依韵和蘇之翰對雪》云：

「重君愛詩書，孜孜不知老。白髮末理生，惟談詩人道。愛君妙山水，所得是神氣。尺素寫林巒，邈有千里意。」㊳

因此，對江山有助文思之說，他也是支持的。在《送謝景初廷評宰餘姚》中，他說：

「文藻凌雲處，定喜江山助。」㊴

於詩畫的風格上，范仲淹固有賞其靜態之美者，如他在《贈鍾道士》中云：

「人間無復動機心，挂了儒冠歲已深。惟有詩家風味在，一壇松月伴秋吟。」㊵

《道士程用之爲余傳神因題》詩云：

「貌古神疏滑本難，因師心妙發毫端。無功可上凌雲閣，留取雲山靜處看。」㊶

但基於他的進取精神，他還是多強調氣豪力壯的作品。如在《祭石學士》中評石氏之作云：

「曼卿之詩，氣雄而奇，大愛杜甫，獨能嗣之。」㊷

《鄠郊友人王君墓表》云：

「公慷慨有英氣，善爲唐律詩。……居長安中，與豪士游。縱飲浩歌，有嵇、阮之風。」㊸

又《太清宮九咏序》云：

「觀其立意，皆鑿幽索秘，破堅發奇。高凌虹蜺，清出金石，有以見詩力之雄哉！文以氣爲主，此其辨乎！」㊹

以上所析，是範氏的詩文思想的中心所在，至於在《賦林衡鑒序》詳分賦體爲十二門的意見，由於是屬於各體詩的論析，此不具述。

## (三)

如前所說，范仲淹言詩論文的作品不多，正面論及文學問題的作品，不過《唐異詩序》、《尹師魯河南集序》，《太清宮九咏序》、《賦林衡鑒序》等可數的幾篇而已。其餘的意見只能在他的論著、墓銘、詩句中的片言只語中收集而得。然而，綜觀其論詩談文的見解，與他的哲學思想、教育思想、政治思想實有共同共通的關係。這些思想，顯然是繼承中唐韓愈等人提出的尊儒重道、強調教化的看法，發揮士人的文化自覺意識，注重知識分子在這個特殊的時代、這個特殊的社會的政治文化上的價值與地位，抨擊缺乏根基，只重形式、疲弱、萎靡的時風、文風和士風。而范仲淹，又是一位注重躬行實踐的人，他重視教育在挽救世風的作用，因此在任官各處，積極興學；㊻他重視士人對國家政治的作用，因此積極舉薦具有經術學識與人品端正且有文才的知識分子；他向往聖賢時期的文風，除了再三贊美三代純美的正音，敦厚的正道之外，亦對具有這種特色的作者與作品，大加贊揚。同時，抨擊五代以來的頹廢尙美的文風。在范氏的努力之下，當時的風氣果然有着顯著的改變。陳傅良《溫州淹補學田記》云：

> 「宋興，士大夫之亡慮三變，起建隆至天聖、明道間，一洗五代之陋，知嚮方矣！而守蹈故常之習未化，范子始與其徒抗之以名節，天下靡然從之，人人耻無以自見也。」㊼

朱熹云：

> 「漢之名節，魏、晉之曠蕩，隋、唐之辭章，皆懲其弊為之，不然，此只是正理不明，相衰將去，遂成風格。……

本朝道學之盛，豈是衮纏？亦有其漸。自范文正以來，已有好議論。如山東有孫明復，徂徠有石守道，潮州有胡安定，到後來，遂有周子、程子、張子出，故程子平生不敢忘此數公。」㊳

李祁《文正書院記》云：

「學校之遍天下，自公始。若其察泰山孫氏於貧窶中，使得以究其業；延安定胡公入太學，爲學者師。卒之泰山以經術大鳴於時；安定之門，人才輩出。而河南程叔子尤遇賞拔，公之造就人才已如此。其後橫渠張子，以盛氣自負，公復折之以儒者名教，且授之以《中庸》，卒之關、陝之教，與伊、洛相表裏。蓋自《六經》晦蝕，聖人之道不傳，爲治者不知所尊尚，寥寥以至於公，而後開學校，隆師儒，誘掖勸獎，以成就天下之士，且以開萬世道統之傳，則公之有功名教，夫豈少哉？」㊴

而傅樂成《唐型文化與宋型文化》云：

「民族意識、儒家思想和科舉制度是構成中國本位文化的三大要素。這些要素都在宋代發展至極致。儒家思想學說受了民族意識，和科舉制度的保護支持，成爲舉世獨尊的顯學。從北宋起，儒家支配中國的政治動向及社會人心垂千年之久，其尊崇與強固，較兩漢猶有過之。」㊵

龔鵬程《江西詩社宗派研究》云：

「宋文化基本爲一知性反省之文化，講求秩序之建構，理智之沈思。」㊶

又論宋詩之自覺反省創造云：

「其基本即藉物以啓我之自覺之過程，而此自覺，又隱含一文化之觀念，期使爲之自覺與傳統文化之道相吻合爲一。」⑫

范氏的詩文理論，堅持表露聖賢之道，強調天下之和，藉松桂、琴音以發揚堅貞之品格與先聖之精神，藉江山景物以言天人之道理，即與宋文化之強調儒學精神，知性反省相帖合，其有功於宋代文化之形成，於斯可見。

只是要端正一時之世風，要建立一代的文化，幷非只靠一個人的力量，就可實現。范仲淹在改變時風，促成北宋文化的形成上的功勞固不可沒，其他人的努力亦不容忽視。陳傅良《溫州淹補學田記》論宋學三變，於言及范氏之功后，云：

> 「歐陽子出，而議論文章粹然爾雅，軼乎魏、晉之上。久而周子出，又落其華，一本於六藝。學者經術遂庶幾三代，何其盛哉！」⑬

全祖望《慶曆五先生書院記》云：

> 「有宋眞、仁二宗之際，儒林之草昧也。當時濂、洛之徒，方萌芽而未出，而睢陽戚氏在宋，泰山孫氏在齊，安定胡氏在吳，相與講明正學，自拔於塵俗之中。亦會値賢者在朝，安陽韓忠獻公、高平范文正公、樂安歐陽文忠公，皆卓然有見於道之大概，左提右挈，於是學校遍於四方，師儒之道以立。」⑭

即使是范氏本人，也在文章中言及穆修、柳開、尹洙、歐陽修等人在改革文風上的貢獻。這在前引之《尹師魯河南集序》一文已曾言及，玆不復述。

就在范氏等人的努力之下，「慶曆正學」於是建立，宋型文化逐漸成型。可惜的是，范氏言詩談文之作，於論及作品的內涵、作者的情操、文學的功用者多，而甚少談及詩文之寫作技巧與手法上的問題。在文學創作上，後者是文學作品之所以靈妙的重要關鍵。所以我在文前說，范氏的詩文理論，的確能表現北宋文化的主體精神，對北宋文化的形成有重大的貢獻，然而，若因此而特意抬高范氏在中國文學批評史上的地位，那是完全沒有必要的。

**【註 釋】**

①見龔鵬程《江西詩社宗派研究》第二章（臺北：文史哲出版社，1983）。

②同上書。頁 111。又，頁 117－118。

③傅樂成《唐型文化與宋型文化》，《漢唐史論集》（臺北：聯經出版事業），頁 362－368。及頁 370。又見，龔鵬程《江西詩社宗派研究》。同註①。頁 111－113。

④同註①。頁 111－112。

⑤柳冕、呂淵、崔元翰、顧況等之言論，常有這種見解，是他們文論思想的中心意見。詳可參閱羅根澤《中國文學批評史》㈡（上海：上海古籍出版社，1957），頁 130－138。

⑥同註③。頁 370。

⑦同上註。頁 365 及 370。又，頁 372－374。

⑧同註③。頁 371－372。又，頁 376－377。

⑨同註①。頁 112。

⑩王夫之《讀通鑒論》，卷二十六。《船山遺書》（上海：太平洋書店，1933年）。

⑪文載於國立臺灣大學《文史哲學報》第十四期（臺北：國立臺灣大學文學院，1965 年 11 月），頁 1－14。

⑫見范祖禹《唐鑒》。卷十九。《國學基本叢書》（上海：商務印書館，1937），頁 174。

⑬王應麟著，萬蔚亭註《困學紀聞集證》。卷十四（臺北：中華叢書編審委

員會，1960)，頁 6。

⑭同註⑩。頁 7。

⑮同註③。頁 148－149。

⑯《宋史·晏殊傳》云：「晏殊知應天府，延范仲淹以教生徒。自五代以來，天下學校廢，興學自殊。」(該書卷三一一。北京：中華書局)。

⑰同上書。

⑱見范仲淹《讓觀察使》(第三表)。《范文正公集》。卷十六。《四部叢刊初編》(上海：商務印書館縮印江南圖書館藏明翻元刻本)，頁 130。

⑲范仲淹《謝轉禮部侍郎表》。《范文正公集》。卷十七。頁 135。

⑳歐陽修《神道廟碑》。《歐陽修文忠公文集》。卷二十。《四部叢刊初編》(上海：商務印書館縮印元刻本)。

㉑范仲淹《岳陽樓記》。同⑱。卷七。頁 57。

㉒見《年譜》。同⑱。頁 241。

㉓《禮記》。卷十一。《四部叢刊初編》(上海：商務印書館縮印宋刊本)，頁 110。

㉔《范文正公集》。《別集》。卷四。頁 170。

㉕同上書。卷六。頁 54。

㉖同上註。

㉗《四民詩·士》。同⑱。卷一。頁 14。

㉘《赴桐廬郡淮上遇風三首》之其一。同⑱。卷三。頁 29。

㉙《謝黃太傅見示文集》。同⑱。卷一。頁 14。

㉚《歲寒堂三題序》。同⑱。卷二。頁 17。

㉛同上文：「吾家西齋僅百載，二松對植，扶疏在軒。靈霰交零，莫能屈其性；絲桐間發，莫能擬其聲。不出戶庭，如在林壑。某少長北地，近還平江。美先人之故廬，有君子之嘉樹。清蔭大庇，期於千年，豈徒風朝月夕，為耳目之資者哉？因命其西齋曰：歲寒堂；松曰：君子樹。樹之側有

閣焉，曰松風閣。」(同上註)

㉜同㉚。

㉝《范文正公集》。卷十。頁 84。

㉞《贈大理寺丞蔡君墓表》。同⑱。卷十四。頁 120。

㉟同㉘。

㊱同㉔。

㊲《上時相醫制舉書》。同⑱。卷九。頁 73。又，《邠州建學記》：「國家之患，莫大於乏人；人曷嘗而乏哉？天地靈粹，賦予萬物，非昔醇而今離。吾觀物有秀於類者，曾不減於古，豈人之秀而賢者，獨下於古歟？誠教有所未格，器有所未就而然耶！庠序可不興乎？序者，俊又所由出焉。三王有天下各數百年，幷用此道，以長養人才。材不乏而天下治，天下治而王室安，斯明道之教也。(卷七。頁 57)

㊳《上張右丞書》。同⑱。卷八。頁 61。

㊴《薦李覯幷錄進禮論等狀》。同⑱。卷十九。頁 143。

㊵《舉張問孫復狀》。同⑱。卷十八。頁 139。又《乞召還王洙及就遷職任事扎子》薦舉王洙云：「王洙文詞精贍，學術通博，國朝典故，無不練達。」(同上書。卷十九。頁 147) 亦可參照。

㊶《鄱陽酬泉州曹使君見寄》。同⑱。卷二。頁 21。

㊷《范文正公集》。卷六。頁 52。

㊸同上書。卷六。頁 51－52。

㊹同上書。卷二。頁 23。

㊺同上書。卷九。頁 75。

㊻同上書。卷二。頁 19。

㊼同上註。

㊽《范文正公集》。卷一。頁 16。

㊾同上書。卷三。頁 27。

(50)同上書。卷六。頁 53－54。

(51)同上書。卷六。頁 54－55。

(52)同上書。卷九。頁 73。

(53)同上註。

(54)《范文正公集》。《別集》。卷一。頁 156。

(55)同上註。

(56)《范文正公集》。卷四。頁 38。

(57)同上註。

(58)《范文正公集》。《別集》。卷一。頁 135。

(59)《范文正公集》。卷二。頁 26。

(60)同上書。卷四。頁 34。

(61)同上註。

(62)同上書。卷十。頁 83。

(63)《范文正公集》。卷十四。頁 118。

(64)同上書。卷六。頁 52。

(65)《賦林衡鑒序》：「其（指賦）於句讀聲病，有今禮部之式焉，別析二十門，以分其體勢。叙昔人之事者，謂之叙事；頌聖人之德者，謂之頌德；書聖賢之勛者，謂之紀功；陳邦國之體者，謂之贊序；緣古人之意者，謂之緣情；明虛無之禮者，謂之明道；發揮源流者，謂之祖述；商榷指義者，謂之論理；指其物而咏者，謂之咏物；述其理而咏者，謂之述咏；類可以廣者，謂之引類；事有非隱者，謂之指事；究精微者，謂之析微；取比象者，謂之體物；強名之體者，謂之假象；兼舉其義者，謂之旁喻；叙其事而體者，謂之叙體；總其數而述者，謂之總數；兼明二物者，謂之雙關；詞有不羈者，謂之變態。」（同上書。見《別集》。卷四。頁 171）平情而論，范氏之分類，將作品之內容與表達方式混雜區分，頗爲雜亂。

(66)陳榮照《范仲淹研究》（香港：三聯書店，1987 年），頁 216－225。

(67)陳傅良《止齋先生全集》。卷三十九。《四部叢刊初編》本（上海：商務印書館縮印烏程劉氏藏明弘治本）。

(68)《朱子語類》。卷二十五（臺北：正中書局影黎氏本），頁 4－5。

(69)《范文正公集》。《褒賢集》。卷二。頁 22－23。

(70)《漢唐史論集》。頁 372－373。

(71)同①。頁 157。

(72)同①。頁 184。

(73)《止齋文集》。卷三十九。

(74)《鮚埼亭集》。《外編》。卷十六。《四部叢刊初編》本（上海：商務印書館縮印原刊本），頁 2。

(75)本文旨在闡述范仲淹的詩文理論與北宋文化形成之問題，因此，與北宋文化形成無關的范氏文學理論之分析，不在文中詳述。

# 後 記

本書所收論文，共九篇。

第一篇《研究中國文學批評所面對之問題：以〈毛詩·關雎序〉爲例之說明》，是提呈由國際比較文學會於 1990 年 4 月 27 日至 30 日在台北舉行的《東西文學理論》學術研討會的論文。文章以〈毛詩·關雎序〉爲例，說明中國文學批評著作所存在的主要用語語義含糊與行文系統嚴重紊亂的情況。文中表示：「這篇文章雖然有系統紊亂、錯雜衆說的問題，但它畢竟在中國是由儒學者輯錄而成的作品，輯錄整理過程自有其標準，這些標準也反映了輯錄整理者的詩觀。從文中，可以了解輯錄整理者對詩的發生、詩與歌與樂與舞的關係、詩與時代的關係、詩的作、詩的體制、詩的情感表露方式、詩的個性與社會性，等等方面的意見，而其論點，是貫串著儒家詩論的精神的。不能掌握這一層，而將這篇文章棄之不理，將使我們缺少了一篇早期儒學者論詩的重要文獻，更何況它對後代的詩論與詩經學具重大的影響。不能掌握這一層，只是截取其中的言論而闡發本身的意見，如只依據詩者，志之所之也，與情動於中而形於言，而發揮性靈說的意見，實有歪曲原文思想精神之處。」又說：「而無視文中用語語義含糊的情形，不加詳辨，截取其中字句以發揮詩見，也是有待商榷的態度。如無視文中之情與志的意思是相同相通，硬把志字解爲懷其時，情字解爲觸其物，或把志字解爲品格或志向；無視吟詠性情之性情一詞所含的道德意義，直把性情理解爲性情之眞，或把它理解爲理智相對的感情活動，都有歪曲原文語義的弊端。」最後說：「中國文學批評作品存有語義含糊與欠缺系統的問題的，爲數不少，其原因我在《中國文學批評作品用語語義含糊的問題》與《中國詩論作品欠缺系統問題》兩文中曾有釋說，此不贅述。我要強調的是，各文學批評作品所存在的有關問題雖不盡相同，問題的嚴重性也不一，但我們要分析這些作品，實有須正視這些問題，並設法加以解決，這樣，才能較爲正確地把握有關作品的字句，並能較爲準確地分析作品的意見。本文以《毛詩序》所存在的問題爲例，並指出後代詩論者在理解這篇作品的偏差，目的就在說明這一點。」

第二篇《研究中國文學批評所面對之問題：以司空圖〈二十四詩品〉爲例之說明》，說明研究中國文學批評中的一種體制：論詩詩，所面對的問題。發表於新加坡國立大學中文系《學術論文集刊》第三集。文中指出：文學作品所表露的，是作者與外間客觀的觀照交融，在其內心觸發的種種變化多端的內心反應與美感經驗。它所表現的特色，與其他學問不同，是超越邏輯與知性思維的；它所表現的情緒，是變幻的，難以言喻，離形去跡的。一些中國文學批評作者，面對檢 討與闡述這些神秘變化多端的文學美感經驗時，或者欲對這些文學現象，作出審美的判斷時，深深感到抽象性的概念與邏輯性的思維是不足以表達內心的意見的，於是採用意象語與文學創作的方式，以體現本身的感受與經驗。司空圖的《二十四詩品》就是其中一個例子。而由於《二十四詩品》是以詩體創作，又「寄興無端，涉筆成趣」，因此引起理解作者原意的困難、不論在作品的結構上，二十四詩品是否有偏重的主品上，內容的探討上，等等都有不同的詮釋。文中表示：「像司空圖《二十四詩品》這樣的作品，司空圖是以想像與觀照的美感活動，通過複現藝術品來表露他的美感經驗，而研究者所著重的，卻是蘊藏在它裡頭的理。兩者的距離是極大的。如果要縮短其間的距離以準確地剖析其理，就是研究者面對的極大的難題。令人感嘆的，是《錦瑟》難解，而不是無人作鄭箋。」

第三篇《選集的文學評論價值：兼評中國文學批評史的寫作》，發表於北京大學出版社於 1993 年出版的《文學史》第一輯中。內容強調一向為中國文學批評史著作所忽略的文學選集的評論價值，並且表示：「在中國文學批評領域中，許多資料還有待發掘與論析，研究者應加強那些尚未發掘與論析的個案研究工作。惟有在完成這 些研究工作的基礎上，我們才能比較全面地認識到一個時期的文學批評史。而在比較全面地認識到各個時期的文學批評史的基礎上，我們才能比較全面與深入地整理與編寫出較好的中國文學批評史來。因此在目前這個階段，著重於文學評論者、文學評論作品、歷代文學評論者所關心的文學上的中心問題的個案研究，以及整理斷代文學批評史，是比撰寫通代的中國文學批評史要來得更有意義，更為重要。」

本書的第三篇論文提出文學選集的文學評論價值。第四篇《王夫之評選唐代詩人與詩作：〈唐詩評選〉研究》與第六篇《王夫之評選明代詩人與詩作：〈明詩評選〉研究》，則進一步分別以王夫之的兩部詩評選《唐詩評選》與《明詩評選》為分析對象，通過兩部選集選詩數目的統計，仔細分析王氏對各詩的批評意見，來揭示研究文學選集的方法，並分析王夫之對唐代與明代詩人與詩作的具體評價。

《王夫之評選唐代詩人與詩作：《唐詩評選〉研究》一文發表於新加坡中華書局在 1992 年出版的該書局八十周年紀念論文集《中華文化的過去、現在和將來》。文中表示：「王夫之選錄唐人詩作，是有他的相當謹嚴的標準的。選錄詩人詩作的多與少相當能夠反映他對有關詩人與詩作的評價。對所選詩數最多的詩人，王氏所給了的評語，多是好評。即使是他常非議的杜詩，所不滿的是杜氏入夔州以後的作品，對杜甫早歲所寫的篇章，評價是很高的，這也說明了他之所以會錄取杜詩高達九十一首的原因。九十一首杜詩中，也有杜氏入夔州以後的作品，數目雖不多，卻反映了王氏對待詩人與詩作並非主觀的，只是全面肯定或否定的態度。只要這些作品詩情溫潤，韻外有致，他也是可以接受並給予讚揚的。同時對同一詩人的不同體製的作品，他也能根據不同的情況慎重地選錄與批評。」又說：「王　之認爲唐詩的發展是由盛至衰的。所以他高度讚揚初、盛唐的作品，而不滿開元、天寶以後，特別是中唐與晚唐的詩作。這也是在《唐詩評選》中，初唐有三位詩人高踞選詩最多的前十名行列的原因。不過，王氏雖然有晚唐不如中唐，中唐不如盛唐，盛唐不如初唐的看法，卻不因此而抹殺了各個不同時期中個別詩人的成就，如於盛唐，他特別推重杜甫、李白、王維、岑參；於中唐，他特別推重韋應物、王建、劉禹錫；於晚唐，推重李商隱、杜牧、李賀。」又說：「對世所稱之可以媲美並稱的詩人常有不同的看法。世人並稱李、杜，王氏卻揚李而抑杜，可是對杜甫詩中有突出表現者，又認爲可以媲美李白；世人以高、岑並稱，王氏卻揚岑而抑高；世人並稱王、孟，王氏認爲孟浩然遠不如王維；世人並稱溫、李，王氏則認爲溫庭筠遠在李商隱之下。這些批評與判斷，顯示了王氏對詩有他一定的看法，對唐代詩人有他一定的見解。」

另一篇《王夫之評選明代詩人與詩作：〈明詩評選〉研究》發表於新加坡國立大學中文學報《學叢》第二期。在論析《明詩評選》之後，文中表示：「明、淸選詩風氣極盛，選錄有明一代的作者也不少。單是明末清初這段時期，有錢謙益的《列朝詩集》、陳子龍、宋徵輿及李雯共同選批的《皇明詩選》、朱彝尊的《明詩綜》、彭孫貽的《明詩鈔》，等等。選詩的標準不同，評詩的見解也不同。錢謙益不滿七子，推崇高啓、劉基；爲貶斥七子，乃高尊七子之首李夢陽的老師李東陽的詩作。其去取標準，常遭後代論詩者的非議；陳子龍等選的《皇明詩選》，推崇前後七子之貢獻，故選七子制人之詩極多，李攀龍、何景明、李夢陽、王世貞等四人詩均居榜首，名列前十名者尙有謝榛、吳國論、徐禎卿等人，羽翼前後七子者亦受到佳評。朱彝尊《明詩綜》則採取折衷的態度，所選的詩人當中，詩數最多並名列前二者，爲高啓和劉基；居三、四則爲李夢陽和何 景明。王夫之《明詩評選》推崇劉基和高啓，不滿前後七子，有類錢謙益《列朝詩集》，實則有很大的不同。王夫之論詩主詩有其特質，雖是言志，但言志並不保證所寫的必定成爲好詩，關鍵在於是否能和緩出之，曲折出之，是否能神行象外，不著行跡，而落人意想之外。因此不滿以詩代史，不滿以「詩史」一詞來稱譽前人的詩作，不滿受錢謙益極力推崇的夔州以後的杜詩，認爲好詩多在《三百篇》，在漢魏，在初唐，他的選詩評詩的標準，主要就是依此作爲據點出發。」又說：「從詩選，我們不但可覺察選詩者的詩觀，也可以了解選者選詩的標準以及它們對詩人詩作之具體批評。我之所以以強調詩選的詩論價値，道理就在此點。於分析王夫之《明詩評選》後，我更堅定我的看法。」

第六篇論文《王夫之〈明詩評選〉與錢謙益〈列朝詩集〉的比較研究》也在文學選集研究的範疇內，通過這兩部詩歌選集的比較，說明選集的研究，如果能了解到編選者所取用的底本，可以提供有關選集的更多訊息。文中在比較《列朝詩集》與《明詩評選》對明代代表詩人與詩作，以及對明詩整個發展的不同評價之後表示：「王夫之取《列朝詩集》為底本選錄明詩，純粹是從文學的角度考慮。明代固然還有其他的選集，王夫之是否得見，是一個問題，不過這些選集，所取錄的明詩顯然不像《列朝詩集》的備典故，採風謠的全面，當時像《列朝詩集》那樣較為全面收集明詩之作如朱彝尊的《明詩綜》，王氏顯然不曾見到。而以錢謙益的聲名來說，《列朝詩集》當然是賞時廣受注意的一部選集，也是較多收藏者藏有的選集。在這種情況之下，要選取明詩，自然會依據這部選集了。」文中也表示：王詩雖然以《列朝詩》為底本選明詩，在詩選與詩評上，不一定會受到錢謙益的左右。實際上，王氏在許多看法上和錢氏是有顯著的不同。」又表示：「錢謙益較重廣泛收集明詩，雖然其中也有他的去擇取錄的標準。《列朝詩集》書中的小傳，重在說明詩人的生平，兼論及其詩作的風格、成就。王夫之重在依據他對作品的愛惡來選詩，《明詩評選》中所作的評論，是他在讀詩時直接對有關作品乍作者的反應。兩書的體例不同，所進行的評論方式也不同，其中所持有的論點也有歧異之處。無論如何，兩部詩選都呈現了兩個不同選者的不同選詩標準和兩種不同的文學觀點。」

第七篇《中國文學評論中的詩文「窮而後工」說：兼論析與比較清代與前代的有關論說》與第八篇《清代詩文論者對唐詩分初、盛、中、晚四期說的反應》，是作者多年來一直不斷努力整理中國詩文論者探討一些詩文論題的意見的其中一些計劃。前曾完成的研究計劃包括《橫看成嶺側成峰：試論詩的鑒賞》、《溫柔敦厚詩教也：試論詩情之本質與表達》、《詩乃人之行略：試論詩情與詩人品格之關係》、《意在言先：試論詩文情思的醞釀》、《起承轉合：中國詩論者論詩法》、《江山之助：中國詩文論者論山水閱歷與文學創作之關係》和《韓愈以文為詩說析評》。

第八篇《中國文學評論中的詩文「窮而後工」說：兼論析與比較清代與前代的有關論說》是提呈予美國史丹佛大學遠東研究所於 1992 年舉辦的「清代文學批評國際會議」的論文。文中指出：「一般人解釋詩文窮而後工，多理解為詩文作者必須經歷困窮的生活經驗，才能寫出成功的文學作品。這了解當然沒有什麼錯失，不過，歷代詩文論者對這個問題的討論，實在要比這表層的理解複雜與豐富得多，而且它不僅是一個純學理的討論的問題，其中更揉雜著當時知識分子所背負的千多年的文化思想的承擔，以及在重負的思想承擔之下，個人的悲慘遭遇和這思想承擔的矛盾或企圖調協這些矛盾的複雜關係。」又指出：「力求傳名的心理承擔，與承接先賢傳統的道德承擔的結合，就是詩文界窮而後工說提出的思想基礎。」而「一些知識分子不得立德、立功以揚名，心中已有無限的挫折感，而在他們處窮的境況中，又面對傳統思想與當時輿論要求他們無羞賤貧，要求它們必須接受難苦的現實與經歷無情的考驗，無疑地也造成許多寫作者生活的悲劇，同時也形成他們悲劇的性格與心態。」「種種矛盾遂使同時引發了他們對詩文窮而後工說的質疑與議論。而另一些論者，更能擺脫這種思想承擔的束縛，持平地反省過去詩文論者為窮而後工所提出的種種言論，並表示不同的意見，也對這些言論加以批判。」文中指出：「清代以前的詩文論者，在言及文學作者應如何面對與接受艱苦的環境變化時，經常從道義思想承擔的角度，要求文學作者所應持有的精神與原則。他們要求寫作者在極度艱苦的環境中，絕對不可改變他們的道義之心、」並且認為：「詩文作者處窮愈久，感憤愈烈，所寫成的作品將愈工。」而「純粹從文人的遭遇著眼，以言詩文窮而後工的詩文論者，則多質疑詩文作者窮困潦倒的事實，並爲這些作者發出同情的悲鳴。」文中也說：「由於清代是一個外族入主中原的時期，傳統的道義意識與抗拒外敵的忠義精神的糅合與進一步發展，更使得這一論題獲得普遍的關注與深入的討論。」

《清代詩文論者對唐詩分初、盛、中、晚四期說的反應》是提呈予台灣國立中山大學中文研究所與中文系在 1993 年 11 月於高雄所舉辦的「第一屆國際清代文學研討會」的論文。文中表示：「以唐代詩作與詩人爲個案研究的，喜用初唐或盛唐等名稱來稱述有關的詩作與詩人，論析唐詩發展的學者，更常用初唐、盛唐、中唐、晚唐的分期來敘述唐詩的發展。其實，以此四唐的分期來區分唐詩，曾經引起中國詩論界的熱烈討論。」文中在分析歷代關於唐詩分爲四唐之討論後，表示：「唐詩的分期問題，不僅是一代的詩歌發展的分期問題，所涉及的方面，也與整個中國文學史的分期有關。要探討這個問題，首先必須肯定的是，有沒有必要將一個有機的、連續性發展的文學史切斷割爲幾個不同的時期，從而論析各個不同時期的文學特色？我的看法是，中國文學史的發展，爲時數千年，如果不將之分爲若干期，怎麼可能把各個時期的特色較爲清楚的說明呢？唐詩的發展，較之整個中國文學史，爲時雖然要短得多，然而上下也有數百年。而且唐詩是中國詩歌發展的鼎盛階段。在數百年的唐詩發展中，很明顯的，正如嚴羽、高棅、宋犖等人所說的，有好幾個不同階段的特色、因此將之分爲幾個時期，例如把它分爲初、盛、中、晚四期原是無可厚非的。問題在於我們對待這種分期的原則態度。嚴羽的分期法也好，楊士弘的分期法也好，高棅的分期法也好，甚至清楚說明各個時期上下限的冒春英的分期法也好，分期只能當作一個參考的依據，而不能乍爲絕對劃分各個時期詩作優劣的標準。」文中也說:「唐詩分四唐，目的在進一步說明各個時期詩作的特色，切切不能有凡是初、盛爲盛，中、晚爲衰的一般化的看法；而應就詩論詩，就個別詩人的表現作出個別的評價。粗暴地一味歌頌初、盛唐詩，而貶斥中、晚唐詩，不是客觀的論詩態度。」又說:「在對待唐詩的分期的論見上，清人的態度是較宋、明人來得豁達得多了。他們不會拘守公式化與一般化的見解。即使是同意將唐詩分爲四期者，能本於就詩作與詩人的評價提出意見。至於不同意這種分期法的，也敢於提出他們的主張，甚而有力地抨擊前人的說法。清代詩論者的這種論詩態度，不僅在唐詩分期的問題上表現出來，我在論析歷代詩論者論杜甫詩爲詩史的問題時，已覺察這一點。這是本文願意力加強調說明的。

第九篇《范仲淹的詩文理論與北宋文化的形成》，是提呈予台灣行政院聯合台北地區八大學於 1989 年在台北舉辦的「紀念范仲淹一千年誕辰國際學術研討會」的論文。文章分析了范仲淹的詩文觀點，並從較大的層面論析他的詩文觀與北宋文化形成的關係。文中指出：范俺論詩談文的作品不多，爲了紀念范仲淹誕辰一千年而特意抬高他在中國文學評論史的地位是完全沒有必要的。不過他的詩文理論，確能表現北宋文化的主體精神，對北宋文化的形成有一定的關係，而一般研究范仲淹的著作，多注重他的軍功事業、教育詩詞，分析他的詩文理論的不多，言及他的詩文理論與宋文化的關係的尤少，這是作者撰寫本文的主要原因。文中又說:「綜觀范氏論討談文的見解，與他的哲學思想、教育思想、政治思想是有共同共通的關係的。這些思想，顯然是繼承中唐韓愈等人提出的尊重儒道、強調教化的看法，發揮士人的文化自覺意識，注重知識分子在整個時代，整個社會的政治文化的價值與地位，抨擊缺乏根基，只重形式、疲弱、萎靡的時風、文風和士風。而范仲淹，又是一個注重躬行實踐的人，他重視教育在挽救世風的作用，因此在任官各處，積極興學；他重視士人對國家政治的作用，因此積極舉薦具有經術學識與人品端正且有文才的知識分子；他向往聖賢時期的文風，除再三讚美三代純美的正音、敦厚的正道之外，亦對具有這種特色的作者與作品，大加讚揚，同時，抨擊五代以來的頹廢尙美的文風。在范氏等人的努力之下，當時的風氣果然有顯著的改變。」又表示：「就在范氏等人的努力之下，慶歷正學於是建立，宋型文化逐漸成型。可惜的是，范氏言詩談文的作品，於論及作品的內涵、作者的情操、文學之功用者多，而甚少談及詩文之寫作技巧與手法上的問題。在文學創作上，後者是文學作品所以靈妙的重要關鍵。所以我在文前說，范氏的詩文理論，確能表現北宋文化的主體精神，對北宋文化的形成也有重大的貢獻，然而，特意擡高他的中國文學批評史上的地位，是沒有必要。」

以上九篇論文，都與中國文學批評研究所存在的問題、中國文學批評研究的方法學有關，因此本書乃定名爲：《中國文學批評研究問題論集》。